ORIENTACIÓN PARA LAS NUEVAS MUJERES MUSULMANAS

35 temas esenciales para navegar en la fe y la vida

Tabla de Contenido

Aviso de derechos de autor

Introducción: Abrazando un nuevo camino

Entrar en el seno del Islam es una experiencia profunda y transformadora, especialmente para las mujeres que están lidiando con el delicado equilibrio entre su nueva fe y las complejidades de su vida personal. Este viaje es un viaje de autodescubrimiento, crecimiento espiritual y, a veces, desafíos importantes. Como nueva mujer musulmana, es posible que te preguntes cómo integrar los principios islámicos en tu vida diaria, cómo mantener relaciones con familiares y amigos no musulmanes y cómo construir nuevas conexiones dentro de la comunidad musulmana.

Este libro, *"Orientación para las nuevas mujeres musulmanas: 35 temas esenciales para navegar en la fe y la vida"*, está diseñado para ser un recurso integral que la ayude a atravesar estas transiciones. Cada capítulo aborda temas críticos que enfrentan muchas nuevas musulmanas, y ofrece consejos prácticos, perspectiva espiritual y aliento para ayudarla a construir una base sólida en su fe. Ya sea que le preocupe cómo comunicar sus nuevas creencias a sus seres queridos, cómo abordar las prácticas islámicas o cómo lidiar con las presiones culturales y sociales, este libro tiene como objetivo brindarle la orientación que necesita.

El camino hacia el Islam no consiste únicamente en aprender nuevos rituales y adoptar prácticas diferentes; se trata de interiorizar una nueva forma de vida que afecta a todos los aspectos de tu existencia. En estas páginas, encontrarás herramientas que te ayudarán a crecer espiritualmente, mantener tu bienestar mental y emocional y cultivar relaciones saludables de una manera que honre tu fe y tus circunstancias particulares.

Al comenzar este viaje, recuerda que no estás sola. Miles de mujeres en todo el mundo han recorrido un camino similar, y sus experiencias, luchas y triunfos sirven como testimonio de la fortaleza y la resiliencia que conlleva abrazar el Islam. Este libro es un compañero que te ayudará a sortear los altibajos, te dará seguridad en los momentos de duda y celebrará contigo los momentos de alegría. Bienvenida a este nuevo capítulo de tu vida; que esté lleno de paz, crecimiento y las bendiciones de Alá.

Capítulo 1: Bienvenidos al Islam

Emprender el camino del Islam es una experiencia profunda que cambia la vida. Como nueva mujer musulmana, has dado un paso importante que no solo cambia el curso de tu vida, sino que también moldea tu identidad, tu propósito y tu visión del mundo. La decisión de abrazar el Islam suele ir acompañada de una mezcla de emociones: alegría, paz, entusiasmo y tal vez un poco de incertidumbre sobre lo que te espera.

Este capítulo es el primer paso para comprender el poder transformador de la fe que ha elegido. El Islam, una religión de paz y sumisión a la voluntad de Alá, ofrece un modo de vida integral que aborda todos los aspectos de la existencia, desde lo espiritual hasta lo práctico. A medida que comience a explorar este nuevo camino, es posible que descubra que el Islam no es solo un conjunto de rituales o reglas, sino una guía para vivir una vida equilibrada, plena y significativa.

Sin embargo, como ocurre con cualquier cambio significativo, la transición al Islam puede traer consigo desafíos. Es posible que te encuentres atravesando nuevas dinámicas sociales, aprendiendo nuevas prácticas y redefiniendo tu sentido de identidad. Este capítulo te ayudará a entender los aspectos fundamentales de tu nueva fe, ofreciéndote información sobre lo que significa ser musulmán y cómo comenzar a integrar los principios islámicos en tu vida diaria.

Recuerda que el viaje que has emprendido es profundamente personal. Es un camino que recorrerás a tu propio ritmo, con el apoyo de una comunidad mundial de creyentes. A medida que te adaptes a esta nueva forma de vida, ten paciencia contigo mismo, busca el conocimiento y conéctate con otras personas que puedan brindarte apoyo y orientación. Tu decisión de abrazar el Islam es el comienzo de un viaje que durará toda la vida hacia el crecimiento espiritual, la paz y la plenitud. Bienvenido al Islam. Que este camino te acerque a Alá y llene tu corazón de tranquilidad y alegría.

Capítulo 2: Establecer una relación personal con Allah

Emprender el camino del Islam implica más que adoptar nuevas prácticas y creencias; requiere cultivar una relación profunda y personal con Alá, el Creador. Para muchas mujeres musulmanas noveles, esta relación se convierte en la piedra angular de su fe y en una fuente de profunda fortaleza y consuelo. Establecer una conexión significativa con Alá puede transformar tu vida espiritual y proporcionarte un sentido de propósito y paz interior.

La base de tu relación con Dios comienza con la comprensión de sus atributos y de cómo se relaciona con su creación. En el Corán, Dios está descrito como cercano y lejano, accesible y trascendente, compasivo y justo. Esta dualidad refleja su omnipresencia y su capacidad para comprender y atender las necesidades de cada individuo, sin importar cuán grandes o pequeñas sean. Saber que Dios está siempre contigo, escuchando tus oraciones y consciente de tus luchas puede ser profundamente reconfortante y empoderador.

Para construir una relación personal con Dios, es esencial acercarse a Él con sinceridad y humildad. Esto comienza con la práctica de la *Tawbah* (arrepentimiento), en la que se busca el perdón por los errores pasados y se lucha por limpiar el corazón. El arrepentimiento no es un mero ritual, sino un proceso sincero de volverse hacia Dios y expresar un remordimiento genuino por cualquier mala acción. A través del arrepentimiento, reafirmas tu compromiso de seguir Su guía y esforzarte por mejorar.

Establecer una conexión con Alá también implica la oración regular y consciente. La oración, las cinco oraciones diarias, no es sólo una obligación ritual sino una línea directa de comunicación con tu Creador. Cada oración es una oportunidad para expresar tu gratitud, buscar guía y reflexionar sobre tu relación con Alá. Es importante realizar estas oraciones con devoción y presencia, centrándose en sus significados y los sentimientos que evocan. Permite que cada oración sea un momento de consuelo y un recordatorio de tu conexión con Alá.

Además de las oraciones obligatorias, la *Dua* (súplica) es una parte vital para nutrir tu relación con Dios. La Dua es una conversación personal y directa con Dios en la que puedes pedir Su ayuda, guía y bendiciones. A diferencia de las oraciones formales, la Dua se puede hacer en cualquier idioma y en cualquier momento. Esta flexibilidad te permite expresar tus pensamientos y deseos más íntimos abiertamente. Hacer Dua regularmente te ayuda a sentirte más cerca de Dios y refuerza tu confianza en Su sabiduría y misericordia.

Otro aspecto importante para desarrollar una relación personal con Alá es leer y reflexionar sobre el Corán. El Corán es la fuente suprema de guía y sabiduría para los musulmanes, y ofrece información sobre la voluntad de Alá y la forma de vivir una vida recta. Como nuevo musulmán, tómate el tiempo necesario para leer y comprender el Corán, comenzando con las traducciones y explicaciones si es necesario. Reflexiona sobre sus versículos, trata de entender sus significados y considera cómo se aplican a tu vida. Leer el Corán con regularidad profundizará tu conexión espiritual y te proporcionará claridad y dirección.

Además de estas prácticas, esfuérzate por incorporar las enseñanzas del Islam en tu vida diaria. El Islam enfatiza la importancia del buen carácter y la buena conducta, como la honestidad, la bondad y la paciencia. Al vivir de acuerdo con estos valores, alineas tus acciones con tu fe y demuestras tu devoción a Dios. Esta alineación entre la creencia y la acción fortalece tu relación con Dios y sirve como reflejo de tu compromiso interior con Su guía.

Construir una relación con Alá también implica buscar el conocimiento y la comprensión del Islam. Aprender sobre la religión te ayudará a apreciar sus enseñanzas e integrarlas en tu vida. Asiste a clases, lee libros y conéctate con personas con conocimientos que puedan ofrecerte orientación y apoyo. Cuanto más aprendas, más comprenderás la profundidad y la riqueza de tu fe, lo que mejorará tu conexión con Alá.

Además, realizar actos de adoración más allá de los obligatorios puede profundizar aún más tu relación con Dios. Las oraciones voluntarias, la lectura de hadices (dichos del profeta Mahoma) y la participación en actividades comunitarias son formas de enriquecer tu vida espiritual. Estas prácticas te permiten expresar tu amor por Dios y buscar Su complacencia en varios aspectos de tu vida.

También es esencial recordar que construir una relación con Dios es un proceso gradual. Requiere paciencia, perseverancia y un corazón abierto. Habrá momentos de lucha y dudas, pero estos desafíos son parte del camino. Acéptalos como oportunidades de crecimiento y aprendizaje. Confía en el plan de Dios y en Su sabiduría, y recuerda que todo esfuerzo que hagas para acercarte a Él es valorado y recompensado.

Por último, rodearse de una comunidad musulmana que lo apoye puede tener un impacto significativo en su crecimiento espiritual. Ser parte de una comunidad ofrece aliento, experiencias compartidas y oportunidades para la adoración colectiva. Interactúe con otros creyentes, busque su consejo y comparta su experiencia. Una comunidad sólida brinda apoyo práctico y motivación espiritual, lo que lo ayuda a mantenerse comprometido con su fe.

En conclusión, establecer una relación personal con Alá es el núcleo del camino islámico. Implica un arrepentimiento sincero, oración regular, súplicas sinceras y un profundo compromiso con el Corán. Al encarnar los valores islámicos, buscar el conocimiento y participar en actos de adoración, se construye una conexión fuerte y duradera con el Creador. Esta relación es una fuente de fortaleza, guía y paz, que te ayuda a navegar por las complejidades de la vida con fe y resiliencia. Acepta este camino con el corazón abierto y confía en que Alá te guía y te apoya en cada paso del camino.

Capítulo 3: Entendiendo el Corán

El Corán es la piedra angular de la fe y la práctica islámicas, y ofrece orientación, sabiduría y conocimiento sobre la naturaleza de la existencia y el propósito de la vida. Para las nuevas musulmanas, comprender el Corán no solo es esencial para el crecimiento espiritual, sino también para integrar los principios islámicos en la vida cotidiana. Este capítulo ofrece una introducción al Corán, explorando su significado, estructura y cómo abordar su estudio de manera eficaz.

El Corán se considera la palabra literal de Alá, revelada al Profeta Muhammad (BP) a lo largo de un período de 23 años. Es la fuente de orientación fundamental para los musulmanes y abarca una amplia gama de temas, como la teología, la moral y las leyes prácticas. A diferencia de otros textos religiosos, el Corán es una guía espiritual y legal que ofrece instrucciones sobre el culto, la ética y la conducta interpersonal.

Uno de los aspectos clave para comprender el Corán es reconocer su estructura y organización. El Corán está dividido en 114 capítulos, conocidos como suras, que varían en longitud y cubren diferentes temas. Estas suras se dividen a su vez en versículos o aleyas, que transmiten mensajes o leyes específicos. La disposición del Corán no es cronológica sino temática: algunos capítulos se centran en cuestiones legales, mientras que otros enfatizan historias de profetas anteriores, enseñanzas morales o reflexiones sobre la creación.

Para abordar el Corán de manera eficaz, es importante comenzar por comprender sus temas y objetivos principales. El Corán aborda las creencias fundamentales del Islam, incluida la unicidad de Alá, la finalidad de la profecía de Muhammad (BP) y el Día del Juicio. Proporciona una guía detallada sobre cómo vivir una vida que agrade a Alá, incluidas instrucciones sobre el culto, la conducta ética y la justicia social.

Una forma práctica de relacionarse con el Corán es comenzar leyendo su traducción. Para quienes no dominan el árabe, leer una traducción del Corán puede ayudar a comprender sus significados y contexto. Elija una traducción que sea precisa y accesible, y considere leer un comentario o tafsir, que brinda explicaciones e interpretaciones de los versículos. El tafsir puede ofrecer información valiosa sobre el contexto histórico y cultural de las revelaciones coránicas, ayudando a comprender su relevancia y aplicación.

Al leer el Corán, conviene abordarlo con reflexión y contemplación. Cada versículo del Corán tiene diferentes niveles de significado y puede ofrecer orientación sobre diversos aspectos de la vida. Tómese el tiempo para reflexionar sobre los versículos y considerar cómo se relacionan con sus circunstancias y experiencias personales. Reflexionar sobre las enseñanzas del Corán ayuda a interiorizar sus mensajes e integrarlos en su vida diaria.

Además de leer y reflexionar, memorizar partes del Corán puede ser una práctica gratificante. Muchos musulmanes intentan memorizar el Corán entero, pero incluso memorizar pequeñas secciones puede mejorar la conexión con el texto y sus enseñanzas. Establezca metas alcanzables y utilice ayudas para la memorización, como la repetición, escuchar recitaciones y repasar con regularidad. La memorización no solo fortalece su familiaridad con el Corán, sino que también ayuda a su aplicación y comprensión.

Estudiar el Corán de manera sistemática también puede ser beneficioso. Considere reservar momentos específicos para el estudio coránico, ya sea de manera individual o en grupo. Participar en círculos o clases de estudio del Corán puede brindar estructura y apoyo, así como oportunidades para debatir y hacer preguntas. Interactuar con otras personas que también están estudiando el Corán puede ofrecer nuevas perspectivas y conocimientos, lo que hace que el proceso de aprendizaje sea más enriquecedor y dinámico.

También es importante acercarse al Corán con el corazón y la mente abiertos. El Corán es un texto vivo que sigue hablando a cada generación y a cada individuo de maneras únicas. Esté abierto a sus mensajes y permita que sus enseñanzas moldeen sus pensamientos y acciones. Acepte el Corán no solo como un documento histórico, sino como una fuente de guía e inspiración constantes.

Además del estudio personal, incorporar el Corán a la vida diaria es una forma práctica de mantenerse conectado con sus enseñanzas. Reflexione sobre los versículos coránicos durante las actividades diarias e intente poner en práctica sus enseñanzas en sus interacciones con los demás. El Corán alienta a los musulmanes a llevar una vida de bondad, justicia e integridad, e integrar sus principios en sus acciones refuerza su relación con Alá y mejora su crecimiento personal.

En resumen, comprender el Corán es un aspecto fundamental de su camino islámico. Empiece por familiarizarse con su estructura, temas y traducciones, y aborde su estudio con reflexión, contemplación y sinceridad. Memorizar partes del Corán y estudiarlo sistemáticamente puede profundizar su conexión con sus enseñanzas. Al incorporar la guía del Corán a su vida diaria, se alineará más estrechamente con sus principios y mejorará su desarrollo espiritual y personal. El Corán es una fuente profunda y atemporal de sabiduría, que ofrece dirección, consuelo e inspiración para todos los aspectos de su vida.

Capítulo 4: El papel de la Sunnah

La Sunnah, las prácticas, dichos y aprobaciones del Profeta Muhammad (BP), desempeñan un papel crucial en la vida de un musulmán. Complementan y aclaran las enseñanzas del Corán, ofreciendo una guía práctica sobre cómo vivir de acuerdo con los principios islámicos. Para las nuevas musulmanas, comprender y poner en práctica la Sunnah puede brindar claridad y orientación en varios aspectos de la vida, desde las rutinas diarias hasta las prácticas espirituales.

La Sunnah es parte integral del Islam, ya que encarna la aplicación práctica de las enseñanzas coránicas. Mientras que el Corán proporciona los principios y mandamientos fundamentales del Islam, la Sunnah demuestra cómo se viven estos principios. El Profeta Muhammad (BP) es el modelo ideal para los musulmanes, y sus acciones y dichos brindan un claro ejemplo de cómo encarnar los valores islámicos en la vida diaria.

La Sunnah abarca una amplia gama de áreas, entre ellas el culto, la ética, las interacciones sociales y la conducta personal. Ofrece una guía detallada sobre cómo realizar actos de culto como la oración, el ayuno y la peregrinación, y aclara su correcta ejecución y significado. Por ejemplo, la Sunnah detalla las acciones y súplicas específicas asociadas con cada una de las cinco oraciones diarias, mejorando la comprensión y la práctica de la oración.

Además, la Sunnah aborda cuestiones cotidianas y ofrece consejos sobre cuestiones como la higiene, la dieta y las relaciones interpersonales. La guía del Profeta (BP) sobre cuestiones como la limpieza personal, los hábitos alimentarios y el trato a los miembros de la familia refleja el enfoque holístico del Islam sobre la conducta personal y social. Al seguir estas prácticas, las nuevas musulmanas pueden alinear su vida diaria con los valores y la ética prescritos en el Islam.

Uno de los aspectos más importantes de la Sunnah es su papel en la interpretación y contextualización del Corán. Si bien el Corán proporciona el marco general de la ley y la guía islámicas, la Sunnah ofrece ejemplos y explicaciones específicas que ayudan a aclarar su aplicación. Por ejemplo, el Corán ordena a los creyentes dar el Zakat (caridad), pero es la Sunnah la que proporciona detalles sobre los tipos de caridad, su monto y su distribución.

El estudio de la Sunnah implica examinar los hadices, los dichos y acciones registrados del Profeta Muhammad (BP). La literatura sobre hadices es amplia y se clasifica en diferentes niveles de autenticidad, que van desde Sahih (auténtica) hasta Da'if (débil). Comprender las clasificaciones de los hadices y consultar fuentes confiables puede ayudar a garantizar que las prácticas que sigue se basen en enseñanzas auténticas. Interactuar con eruditos y recursos que se especialicen en hadices puede brindarle conocimientos y orientación más profundos.

Incorporar la Sunnah a tu vida requiere intencionalidad y reflexión. Comienza por identificar áreas clave en las que la Sunnah puede mejorar tu práctica del Islam. Por ejemplo, adoptar las maneras de saludar del Profeta (BP), como usar la frase "As-salamu alaykum" (La paz sea contigo), puede fomentar un sentido de comunidad y buena voluntad. De manera similar, adoptar sus recomendaciones sobre las súplicas diarias y la conducta personal puede ayudarte a integrar los valores islámicos en tu rutina.

Además, la Sunnah enfatiza la importancia del carácter y la conducta. El Profeta Muhammad (BP) es famoso por su carácter ejemplar, y sus interacciones con los demás reflejan valores islámicos fundamentales como la honestidad, la paciencia y la compasión. Esfuérzate por emular su comportamiento en tus interacciones con familiares, amigos y colegas. Al encarnar estas virtudes, no solo honras la Sunnah, sino que también contribuyes a un entorno más armonioso y ético.

Otro aspecto de seguir la Sunnah es comprender su aplicación en diferentes contextos. La guía del Profeta (BP) fue dada en contextos históricos y culturales específicos, y si bien sus enseñanzas son atemporales, su aplicación puede variar según las circunstancias contemporáneas. Es importante acercarse a la Sunnah con un equilibrio entre la adherencia y la comprensión del contexto, asegurando que su implementación sea relevante y efectiva en el mundo actual.

Estudiar la vida del Profeta Muhammad (BP) a través de biografías o literatura de la Sira puede brindar información valiosa sobre el contexto y el significado de sus acciones y dichos. Estos recursos ofrecen relatos detallados de su vida, incluidos sus desafíos, decisiones e interacciones, lo que le ayudará a comprender mejor cómo se vivía y se implementaba la Sunnah.

En resumen, la Sunnah es un componente vital de la práctica islámica, que ofrece una guía práctica y un modelo para vivir de acuerdo con las enseñanzas del Corán. Para las nuevas musulmanas, comprender y aplicar la Sunnah implica estudiar los hadices, emular el comportamiento del Profeta (BP) y contextualizar su guía en contextos contemporáneos. Al integrar la Sunnah en su vida diaria, enriquece su comprensión del Islam y mejora su crecimiento espiritual y personal. La Sunnah, como ejemplo vivo de los principios islámicos, proporciona un marco valioso para navegar por las complejidades de la vida sin perder la esencia de su fe.

Capítulo 5: El poder de la Dua (súplica)

La dua, o súplica, es una práctica profundamente personal y profunda en el Islam que conecta al creyente directamente con Alá. Es una de las herramientas más poderosas de las que disponen los musulmanes, ya que les permite buscar orientación, expresar sus necesidades y encontrar consuelo. Para las nuevas musulmanas, comprender y utilizar el poder de la dua puede mejorar enormemente su camino espiritual y su relación con Alá.

La dua es un acto de adoración que trasciende las meras peticiones. Es una conversación sincera con Allah, en la que expresas tus pensamientos, deseos y preocupaciones más íntimos. A diferencia de las oraciones formales, la dua se puede hacer en cualquier idioma y en cualquier momento, lo que proporciona un medio flexible e íntimo de comunicación con tu Creador. Esta conexión personal es fundamental para la práctica de la dua, y refleja la profunda confianza y dependencia en Allah.

El poder de la Dua se basa en varios aspectos clave. En primer lugar, es una expresión de humildad y sumisión. Al hacer Dua, reconoces tu dependencia de Dios y tu reconocimiento de Su soberanía y capacidad para conceder tus peticiones. Este acto de humildad refuerza tu relación con Dios y profundiza tu conciencia espiritual.

En segundo lugar, la Dua sirve como un medio para buscar orientación y claridad. En momentos de incertidumbre o de toma de decisiones, recurrir a Dios a través de la Dua puede brindar orientación y comprensión. Te permite buscar la sabiduría de Dios y pedirle Su apoyo para tomar decisiones que se alineen con tu fe y tus valores. Esta guía no siempre es inmediata o explícita, pero a menudo se manifiesta a través de una sensación de paz y comprensión.

La práctica de la Dua también refleja la esperanza y la fe del creyente en la misericordia y el poder de Dios. El Corán enfatiza que Dios está cerca y responde a quienes lo invocan. En la Sura Al-Baqarah

(2:186), Dios dice: "Y cuando Mis siervos os preguntan por Mí, ciertamente estoy cerca. Respondo a la invocación del suplicante cuando me invoca". Este versículo resalta la seguridad de que Dios escucha y responde a tus súplicas, reforzando la importancia de hacer Dua con sinceridad y convicción.

Para incorporar la Dua de manera efectiva en tu vida diaria, comienza por convertirla en una práctica regular. Reserva momentos específicos para la súplica, como antes o después de las oraciones, durante los momentos de soledad o en momentos de necesidad. La constancia en la realización de la Dua ayuda a mantener una conexión continua con Alá y refuerza el hábito de recurrir a Él en busca de apoyo y guía.

Además, ten en cuenta la etiqueta y los elementos a la hora de hacer dua. Comienza alabando y agradeciendo a Dios, reconociendo Sus atributos y expresando agradecimiento por Sus bendiciones. Este enfoque ayuda a establecer un tono respetuoso y reconoce el papel de Dios en tu vida. Después de hacer tus peticiones, concluye con un sentido de confianza en la sabiduría y el tiempo de Dios. Recuerda que la respuesta de Dios a tu dua puede no ser siempre inmediata o de la manera exacta que esperas, pero Sus respuestas siempre son para el mejor interés del creyente.

Incorpora duas específicas a tu práctica que aborden diversos aspectos de tu vida. El Profeta Muhammad (BP) enseñó muchas duas para diferentes ocasiones y necesidades, que van desde pedidos personales hasta súplicas de salud, éxito y protección. Familiarízate con estas duas y úsalas para enriquecer tus súplicas. Además, siéntete libre de hacer duas espontáneas con tus propias palabras, expresando tus necesidades y sentimientos particulares.

Otro aspecto importante de la Dua es la paciencia y la perseverancia. Si bien es esencial hacer la Dua con sinceridad, es igualmente importante ser paciente y firme, confiando en que el tiempo de Allah es perfecto. El proceso de hacer Dua es en sí mismo una forma de adoración y devoción, que refleja tu constante confianza en Allah y tu compromiso de buscar Su guía.

Integrar la Dua en tu vida también implica reflexionar sobre su impacto. Observa cómo la Dua influye en tus pensamientos, sentimientos y decisiones. Observa cómo afecta tu sensación de paz, confianza y conexión con Alá. Esta reflexión puede reforzar la práctica de la Dua y ayudarte a apreciar su papel en tu viaje espiritual.

Por último, recuerda que la Dua no se limita a las peticiones personales. También puede ser una forma de interceder por los demás, pidiendo a Dios que bendiga, guíe y proteja a quienes te importan. Hacer Dua por los seres queridos y por la comunidad en general refleja compasión y un sentido de interconexión, lo que refuerza los valores de la empatía y la solidaridad en el Islam.

En resumen, la Dua es una práctica poderosa e íntima que te conecta directamente con Alá, permitiéndote buscar guía, expresar necesidades y encontrar consuelo. Al incorporar la Dua a tu vida diaria, manteniendo su etiqueta y aceptando su significado, fortaleces tu conexión espiritual con Alá y mejoras tu bienestar general. La práctica de la Dua refleja humildad, fe y confianza en la sabiduría de Alá, lo que la convierte en un componente central de una vida islámica plena y significativa.

Capítulo 6: Cómo desarrollar la confianza en uno mismo en su nueva identidad

Adoptar una nueva identidad como mujer musulmana es una experiencia profunda y transformadora. No solo implica adoptar nuevas creencias y prácticas, sino también integrarlas en la identidad personal y social. Desarrollar la confianza en uno mismo en este nuevo rol es fundamental para afrontar los desafíos y las oportunidades que surgen en el camino de la fe. Este capítulo explora cómo cultivar la confianza en uno mismo y al mismo tiempo mantenerse fiel a la nueva identidad islámica.

El camino hacia la construcción de la confianza en uno mismo comienza con la autoaceptación. Aceptar y abrazar la nueva identidad como musulmán es fundamental para desarrollar la confianza. Esto implica reconocer el valor de la propia fe y comprender cómo enriquece la vida. Reconocer que convertirse al Islam es una decisión valiente y significativa, y sentirse orgulloso de los pasos que ha dado para alinearse con sus creencias. La autoaceptación ayuda a reforzar el sentido de propósito y el compromiso con la propia fe.

La educación desempeña un papel importante en la construcción de la confianza en uno mismo. Cuanto más aprendas sobre el Islam, más seguro te sentirás de tu identidad. Estudia el Corán, la Sunnah y la historia islámica para comprender mejor tu fe. El conocimiento te permite responder preguntas, participar en debates y tomar decisiones informadas. Asistir a clases, unirte a grupos de estudio y relacionarte con personas con conocimientos también puede mejorar tu comprensión y confianza.

Otro aspecto importante para desarrollar la confianza en uno mismo es comprender y aceptar los aspectos positivos de las prácticas islámicas. El Islam fomenta la modestia, la amabilidad y el crecimiento personal. Adopte estos valores como puntos fuertes que contribuyen a su bienestar y a sus interacciones sociales. Por ejemplo, practicar la modestia a través de la vestimenta y el comportamiento puede ser una fuente de seguridad en uno mismo, lo que refleja su compromiso con sus valores y mejora su autoestima.

En su nuevo rol, puede resultar complicado gestionar las relaciones y las interacciones sociales. Es fundamental abordar estas interacciones con confianza y claridad. Comunique sus creencias y prácticas de manera abierta y respetuosa a su familia, amigos y colegas. Explique sus razones para abrazar el Islam y comparta cómo esto impacta positivamente en su vida. Una comunicación eficaz ayuda a disipar los malentendidos y fomenta el respeto mutuo, fortaleciendo su confianza en su nueva identidad.

Establecer metas personales y esforzarse por el desarrollo personal es otra forma de desarrollar la confianza en uno mismo. Identifica áreas en las que quieres crecer espiritual, académica o profesionalmente y establece metas realistas para alcanzarlas. Trabajar para alcanzar estas metas refuerza tu sensación de logro y competencia. Celebra tus logros, sin importar lo pequeños que sean, ya que contribuyen a tu confianza general y a tu sentido de autoestima.

También es importante rodearse de una comunidad que le brinde apoyo. Ser parte de una comunidad musulmana le brinda aliento, compañía y experiencias compartidas. Interactúe con otras personas que compartan su fe, participe en actividades comunitarias y busque apoyo cuando lo necesite. Una red de apoyo sólida puede reforzar su confianza y brindarle un sentido de pertenencia y validación.

Superar los desafíos y los contratiempos es una parte natural del proceso de desarrollo de la confianza en uno mismo. Comprenda que puede haber dificultades y obstáculos a medida que avanza en su nueva identidad, pero estos desafíos son oportunidades para crecer. Afronte los contratiempos con resiliencia y una actitud positiva, aprendiendo de cada experiencia y utilizándola para fortalecer su determinación.

Recuerde que desarrollar la confianza es un proceso gradual y la persistencia es clave.

Practicar el autocuidado y la autocompasión es fundamental para mantener la confianza. Tómese el tiempo para cuidar su bienestar físico, emocional y espiritual. Participe en actividades que le brinden alegría y relajación, y busque apoyo cuando se sienta abrumado. El autocuidado ayuda a mantener un equilibrio saludable y refuerza una imagen positiva de sí mismo, lo que contribuye a su confianza general.

Reflexiona sobre tus logros y progresos con regularidad. Llevar un diario o documentar tus experiencias puede ayudarte a reconocer tu crecimiento y desarrollo. Reflexionar sobre tu camino te permite apreciar tus logros y reconocer el impacto positivo de tu fe en tu vida.

Por último, confía en el plan de Dios y busca su guía. La confianza no solo tiene que ver con la capacidad personal, sino también con la confianza en la sabiduría y el apoyo de Dios. Haz dua para pedir fortaleza y guía, y confía en tu fe para que te brinde la confianza y la resiliencia necesarias para transitar tu camino. Confía en que el plan que Dios tiene para ti tiene un propósito y que Él te guía y te apoya en cada paso del camino.

En resumen, para desarrollar la confianza en uno mismo en la nueva identidad de una mujer musulmana es necesario aceptarse a sí misma, educarse y adoptar los valores islámicos. La comunicación eficaz, el establecimiento de objetivos y una comunidad que brinde apoyo también desempeñan un papel fundamental. Superar los desafíos con resiliencia, practicar el autocuidado y reflexionar sobre el progreso contribuyen aún más a aumentar la confianza. Confiar en la guía de Dios y buscar su apoyo refuerza la confianza y la ayuda a transitar el camino con seguridad y gracia. Aceptar la nueva identidad con confianza le permite experimentar plenamente la riqueza y la plenitud de su fe.

Capítulo 7: Gestión del tiempo para una vida equilibrada

La gestión eficaz del tiempo es esencial para equilibrar los distintos aspectos de la vida de una nueva mujer musulmana. Integrar las prácticas islámicas en la rutina diaria, cumplir con las responsabilidades personales y familiares y perseguir el crecimiento personal requiere una planificación y una organización minuciosas. En este capítulo se analizan las estrategias para gestionar el tiempo de manera eficaz y lograr una vida equilibrada y plena.

El primer paso para una gestión eficaz del tiempo es establecer prioridades claras. Identifica las áreas clave de tu vida que necesitan atención, incluidas las obligaciones religiosas, el desarrollo personal, las responsabilidades familiares y el cuidado personal. Entender qué es lo más importante te ayudará a distribuir tu tiempo en consecuencia y te asegurará que abordes cada área con el enfoque adecuado. Por ejemplo, prioriza las oraciones diarias y el estudio del Corán, y reserva tiempo para las actividades familiares y los intereses personales.

Crear un horario estructurado es una forma práctica de administrar tu tiempo de manera eficaz. Desarrolla un plan diario o semanal que describa tus tareas, compromisos y objetivos. Utiliza herramientas como agendas, calendarios o aplicaciones digitales para organizar tu horario. Incluye bloques de tiempo para la oración, el estudio, el trabajo y las actividades de ocio. Un horario bien organizado te ayuda a mantenerte centrado, reduce el estrés y garantiza que dediques tiempo a todos los aspectos de tu vida.

Incorpore prácticas islámicas a su agenda para mantener un enfoque espiritual. Asigne momentos específicos para las oraciones diarias, la recitación del Corán y la dua. Integre estas prácticas sin problemas en su rutina, de modo que se conviertan en partes naturales y constantes de su día. Por ejemplo, considere utilizar las primeras horas de la mañana o de la tarde para el estudio y la reflexión sobre el Corán, alineando estas actividades con su agenda personal.

Una gestión eficaz del tiempo también implica fijar objetivos alcanzables y gestionar las expectativas. Divide los objetivos más grandes en tareas más pequeñas y manejables y establece plazos realistas para cada una de ellas. Este enfoque ayuda a evitar la sobrecarga y te permite hacer un seguimiento de tu progreso de forma gradual. Celebra tus logros y ajusta tus objetivos según sea necesario, manteniendo una mentalidad flexible para adaptarte a los cambios en tus prioridades o circunstancias.

La gestión del tiempo también requiere gestionar las distracciones y mantener la concentración. Identifica las distracciones habituales que interrumpen tu productividad, como las redes sociales, el exceso de televisión o los espacios de trabajo desorganizados. Implementa estrategias para minimizar estas distracciones, como establecer horarios específicos para consultar las redes sociales o crear un espacio de trabajo designado. Mantenerte concentrado en tus tareas mejora tu eficiencia y te ayuda a aprovechar al máximo tu tiempo.

Incorpore tiempo para el cuidado personal y la relajación en su agenda. Equilibrar el trabajo, las prácticas religiosas y las responsabilidades personales requiere mantener su bienestar físico y emocional. Reserve tiempo para actividades que lo rejuvenezcan, como hacer ejercicio, pasar tiempo con sus seres queridos o pasar tiempo con ellos. Priorizar el cuidado personal garantiza que mantenga un equilibrio saludable y evite el agotamiento.

Delega tareas y busca apoyo cuando lo necesites. La gestión del tiempo no consiste en hacerlo todo tú mismo, sino en gestionar las responsabilidades de forma eficaz. Comparte las tareas del hogar con miembros de la familia, busca la ayuda de amigos o miembros de la comunidad y considera la posibilidad de externalizar tareas si es posible. Delegar tareas te permite centrarte en áreas en las que puedes tener un mayor impacto y reduce la carga de gestionar todo por tu cuenta.

Revise y ajuste periódicamente su horario para reflejar los cambios en sus prioridades y compromisos. Evalúe periódicamente sus estrategias de gestión del tiempo para asegurarse de que se alineen con sus objetivos y estilo de vida. Realice los ajustes necesarios para adaptarse a nuevas responsabilidades, cambios en su rutina o crecimiento personal. La flexibilidad es clave para mantener el equilibrio y adaptarse a las cambiantes demandas de su vida.

Reflexione sobre sus prácticas de gestión del tiempo y su impacto en su bienestar general. Considere la eficacia con la que equilibra sus obligaciones religiosas, su crecimiento personal y sus responsabilidades familiares. Reflexione sobre las áreas en las que podría necesitar mejorar o ajustar su enfoque. La autorreflexión periódica le ayuda a mantenerse alineado con sus objetivos y garantiza que esté gestionando su tiempo de una manera que favorezca una vida equilibrada y satisfactoria.

Por último, busca la guía y el apoyo de Dios. Haz dua para que te ayude a administrar tu tiempo de manera eficaz y lograr el equilibrio en tu vida. Confía en la sabiduría de Dios y busca su ayuda para priorizar tus tareas y responsabilidades. Confía en tu fe para que te brinde la fuerza y la claridad necesarias para transitar tu vida diaria con propósito e intención.

En resumen, una gestión eficaz del tiempo para una vida equilibrada implica establecer prioridades claras, crear un horario estructurado e incorporar prácticas islámicas a tu rutina. Establecer objetivos alcanzables, gestionar las distracciones y priorizar el cuidado personal son esenciales para mantener el equilibrio. Delega tareas, revisa y ajusta tu horario con regularidad y busca la guía de Alá. Si gestionas tu tiempo de forma eficaz, podrás lograr una vida plena y equilibrada que honre tu fe y apoye tu crecimiento personal.

Capítulo 8: Modestia y hiyab

La modestia y la práctica de llevar el hiyab son aspectos fundamentales de la identidad y los valores islámicos. Para las nuevas musulmanas, comprender la importancia de estas prácticas e integrarlas en la vida diaria es un paso importante para encarnar los principios islámicos. Este capítulo explora los conceptos de modestia y hiyab, y ofrece orientación sobre cómo adoptar e implementar estos aspectos de la fe con confianza y gracia.

La modestia, o *haya* , es un valor fundamental en el Islam que se extiende más allá de la vestimenta física y abarca el comportamiento, el habla y las interacciones. Refleja un sentido de respeto por uno mismo y por los demás, así como un compromiso con el mantenimiento de la dignidad y la integridad. En el Corán, Alá enfatiza la importancia de la modestia tanto en los hombres como en las mujeres. En el caso de las mujeres, la modestia se expresa tanto a través de la vestimenta como de la conducta, y guía las interacciones y la presentación personal.

El hijab, término que se utiliza habitualmente para referirse al pañuelo que llevan las mujeres musulmanas, es una expresión de modestia. Si bien el hijab es un símbolo visible, su significado va más allá de la mera apariencia. Representa un compromiso con los valores islámicos y un deseo de vivir de acuerdo con los mandatos de Alá. Llevar el hijab es una elección personal y un reflejo de la fe y la dedicación a la modestia.

Comprender los principios que sustentan el uso del hiyab es fundamental para integrarlo en tu vida con confianza. El Corán aborda el concepto de modestia y de cubrirse el cuerpo en varios versículos, entre ellos la Sura An-Nur (24:31), que instruye a las mujeres creyentes a "cuidar su modestia" y "cubrir sus pechos con el velo". El hiyab no es solo una prenda de vestir, sino una manifestación de este concepto más amplio de modestia.

Al adoptar el hiyab, comience por comprender los diferentes estilos y prácticas culturales asociados con él. El hiyab se puede usar de varias maneras, según las preferencias personales y las influencias culturales. Explore diferentes estilos y encuentre el que le haga sentir cómoda y segura. El objetivo es elegir un estilo que se alinee con sus valores y que le permita expresarse de manera auténtica.

Incorporar el hiyab a tu vida diaria implica consideraciones y ajustes prácticos. Comienza por integrarlo gradualmente a tu rutina, comenzando con entornos familiares y ampliándolo gradualmente a otros. Tómate el tiempo necesario para adaptarte y busca el apoyo de otras mujeres musulmanas que usen el hiyab. Sus experiencias y consejos pueden brindarte información valiosa y aliento.

Un aspecto importante del uso del hiyab es poder afrontar los posibles desafíos y las reacciones de los demás. Es posible que te enfrentes a preguntas, malentendidos o incluso reacciones negativas de quienes no están familiarizados con las prácticas islámicas. Enfréntate a estas situaciones con paciencia y gracia. Aprovecha las oportunidades para educar a los demás sobre la importancia del hiyab y su papel en tu fe. Si mantienes una actitud positiva y expresas tus razones, puedes ayudar a fomentar la comprensión y el respeto.

La modestia se extiende más allá del hiyab y abarca el comportamiento y las interacciones con los demás. Adopte los principios de la modestia en sus palabras, acciones y relaciones. Practique la humildad, la amabilidad y el respeto en sus interacciones, reflejando los valores del Islam en todos los aspectos de su vida. Este enfoque holístico de la modestia mejora el impacto de llevar el hiyab y refuerza su compromiso con los principios islámicos.

Integrar la modestia y el hiyab en la vida personal y profesional puede requerir una reflexión y una planificación cuidadosas. En el ámbito profesional, por ejemplo, hay que buscar formas de mantener la modestia en la vestimenta y respetar los códigos de vestimenta o los requisitos de uniforme. Hay que buscar entornos de apoyo y lugares de trabajo que respeten y se adapten a las prácticas islámicas. Es posible equilibrar la modestia con las expectativas profesionales con una planificación cuidadosa y una comunicación abierta.

Reflexiona sobre el significado personal de llevar el hiyab y practicar la modestia. Considera cómo estas prácticas mejoran tu sentido de identidad, fe y propósito. Acepta el impacto positivo que tienen en tu autoestima y en tu sentido de conexión con Alá. Esta reflexión ayuda a reforzar tu compromiso y confianza en tus decisiones.

Por último, recuerda que la modestia y el hiyab son expresiones personales de fe y deben abordarse con sinceridad e intención. Busca la guía de Alá a través de la oración y la dua, pidiendo fuerza y claridad para mantener tu compromiso con la modestia. Confía en que tus esfuerzos por adherirte a estos principios son valorados y recompensados en tu camino de fe.

En resumen, la modestia y el hiyab son aspectos integrales de la identidad islámica y reflejan un compromiso con la fe y la dignidad. Comprender los principios que sustentan la modestia y el hiyab, integrarlos en la vida con confianza y afrontar los desafíos con paciencia son esenciales para adoptar estas prácticas. Al encarnar la modestia tanto en la apariencia como en el comportamiento, honras tu fe y fortaleces tu conexión espiritual, contribuyendo a una vida islámica equilibrada y plena.

Capítulo 9: Mantener relaciones con una familia no musulmana

Manejar las relaciones con familiares no musulmanes puede presentar desafíos y oportunidades únicos a medida que abrazas el Islam. Equilibrar el respeto por tu fe con la importancia de mantener los lazos familiares requiere sensibilidad, paciencia y comprensión. Este capítulo explora estrategias para manejar estas relaciones sin perder la fidelidad a tus principios islámicos.

Mantener relaciones con familiares no musulmanes implica un delicado equilibrio entre honrar la propia fe y preservar los vínculos familiares. Es importante abordar estas relaciones con compasión y respeto, reconociendo que las diferencias de creencias no disminuyen la importancia de los lazos familiares. Relacionarse con los miembros de la familia de manera respetuosa fomenta la comprensión y el respeto mutuo, incluso frente a valores diferentes.

La comunicación abierta y honesta es fundamental para gestionar las relaciones con una familia no musulmana. Explíqueles sus razones para abrazar el Islam de una manera reflexiva y clara, haciendo hincapié en los aspectos positivos de su fe y en cómo ha enriquecido su vida. Aborde cualquier pregunta o inquietud que puedan tener con paciencia y claridad, ayudándolos a comprender su perspectiva y la importancia de su fe.

Respetar las tradiciones y los valores de la familia, manteniendo al mismo tiempo las prácticas islámicas, es fundamental. Participe en las reuniones y celebraciones familiares de una manera que honre tanto su fe como los lazos familiares. Por ejemplo, si los eventos familiares implican actividades o tradiciones que entran en conflicto con sus creencias, busque formas de participar de manera respetuosa y al mismo tiempo mantener sus límites personales. Su participación en eventos familiares demuestra su compromiso de mantener las relaciones, incluso cuando se enfrentan a diferencias de valores.

Busque puntos en común e intereses compartidos con los miembros de su familia no musulmanes. Centrarse en intereses y actividades mutuos puede fortalecer sus relaciones y crear oportunidades para interacciones positivas. Al participar en experiencias compartidas, puede construir conexiones más sólidas y demostrar que su fe no excluye la capacidad de disfrutar y valorar el tiempo en familia.

Establezca límites claros cuando sea necesario para mantener su fe y su integridad personal. Comunique sus límites con amabilidad y firmeza, asegurándose de que se comprendan y respeten. Por ejemplo, si ciertos temas o actividades le resultan incómodos debido a su fe, exprese sus sentimientos de manera considerada y sugiera formas alternativas de interacción. Establecer límites ayuda a preservar sus valores personales y, al mismo tiempo, a mantener relaciones familiares respetuosas.

Para afrontar las diferencias religiosas y culturales con familiares no musulmanes se necesita paciencia y empatía. Reconozca que sus perspectivas y experiencias pueden diferir de las suyas y aborde las interacciones con una mente abierta. Comprender sus puntos de vista y mostrar empatía puede fomentar el respeto mutuo y crear un entorno más armonioso, incluso cuando surjan desacuerdos.

Fomente el diálogo positivo y el aprendizaje mutuo en su familia. Comparta información sobre las prácticas y los valores islámicos de una manera accesible y atractiva. Invite a los miembros de la familia a hacer preguntas y aprender sobre su fe de una manera no conflictiva. Al fomentar un entorno de curiosidad y comprensión, puede ayudar a superar las brechas y construir relaciones más sólidas y mejor informadas.

En momentos de desacuerdo o tensión, aborde los conflictos con un espíritu de reconciliación y compromiso. Concéntrese en encontrar soluciones que respeten tanto su fe como sus relaciones familiares. Busque puntos en común y esfuércese por lograr el entendimiento, incluso cuando esto requiera llegar a un acuerdo. Manejar los conflictos con gracia y empatía refuerza su compromiso de mantener fuertes lazos familiares y, al mismo tiempo, honrar sus creencias.

Recuerde buscar la guía y el apoyo de Dios en todas sus interacciones con familiares no musulmanes. Pida sabiduría, paciencia y fortaleza para manejar estas relaciones. Confíe en que Dios le brindará la guía y el apoyo necesarios para manejar estas interacciones mientras se mantiene fiel a su fe.

En resumen, mantener relaciones con familiares no musulmanes implica un equilibrio entre respeto, comunicación y comprensión. Si abordamos estas relaciones con compasión, fijando límites claros y fomentando un diálogo positivo, podremos superar las diferencias de creencias y, al mismo tiempo, preservar los fuertes vínculos familiares. Si abrazamos nuestra fe con confianza y gracia, y buscamos la guía de Alá, podremos honrar tanto nuestros principios islámicos como nuestros vínculos familiares.

Capítulo 10: Cómo afrontar el matrimonio con un marido no musulmán

Para llevar adelante un matrimonio con un marido no musulmán es necesario comprender y abordar tanto los aspectos religiosos como los prácticos para garantizar una relación armoniosa y respetuosa. Para las mujeres musulmanas primerizas, equilibrar los principios islámicos con la dinámica de un matrimonio interreligioso requiere una reflexión cuidadosa y una comunicación clara. Este capítulo explora el fiqh (jurisprudencia islámica) relacionado con los matrimonios interreligiosos y ofrece orientación para mantener una relación afectuosa y respetuosa.

En la jurisprudencia islámica, la permisibilidad del matrimonio entre una mujer musulmana y un hombre no musulmán es un tema de importante debate. Según el fiqh islámico clásico, tradicionalmente no se permite a una mujer musulmana casarse con un hombre no musulmán. Esta decisión se basa en varios versículos coránicos y hadices que enfatizan la importancia de compartir la fe y los valores en una relación matrimonial. Por ejemplo, la Sura Al-Baqarah (2:221) desaconseja el matrimonio con politeístas hasta que acepten el Islam, y enfatiza la importancia de compartir creencias religiosas para fomentar un matrimonio armonioso.

Sin embargo, en la erudición islámica contemporánea existen opiniones matizadas sobre los matrimonios interreligiosos, especialmente en el contexto de distintas circunstancias culturales y personales. Algunos eruditos y juristas islámicos defienden la importancia del respeto y la comprensión mutuos en este tipo de relaciones, siempre que el matrimonio se ajuste a los valores y principios islámicos. Es fundamental consultar a eruditos expertos o a imanes locales para comprender mejor cómo se aplican estas normas a su situación específica y recibir orientación personalizada.

La comunicación y el respeto mutuo son esenciales para llevar adelante un matrimonio interreligioso. Las conversaciones abiertas y honestas sobre creencias, prácticas y expectativas religiosas pueden ayudar a establecer una base de comprensión y cooperación. Aborde temas como las observancias religiosas, las restricciones alimentarias y las tradiciones familiares al comienzo de la relación para asegurarse de que ambos miembros de la pareja conozcan y respeten las prácticas y los valores del otro.

Una de las consideraciones clave en un matrimonio interreligioso es mantener las prácticas y obligaciones islámicas. Esto incluye cumplir con sus deberes religiosos, como las oraciones diarias, el ayuno y la observancia de los códigos de vestimenta islámicos, y al mismo tiempo tener consideración por las creencias y prácticas de su esposo. Encontrar un equilibrio entre practicar su fe y respetar las perspectivas de su esposo requiere una negociación y un compromiso meditados.

La crianza de los hijos en un matrimonio interreligioso plantea consideraciones adicionales. Es importante debatir y acordar cómo abordar la educación y la crianza religiosas. Si bien la perspectiva islámica enfatiza la importancia de criar a los hijos en la fe, es esencial abordar este tema con sensibilidad y respeto mutuo. El objetivo es crear un entorno que fomente la comprensión de las creencias de ambos padres y, al mismo tiempo, garantizar que los valores islámicos se transmitan de manera eficaz.

El manejo de la dinámica familiar y social también desempeña un papel importante en un matrimonio interreligioso. Esté preparado para responder preguntas o inquietudes de los miembros de la familia y de la comunidad musulmana en general. Aborde estas conversaciones con paciencia y claridad, enfatizando los aspectos positivos de su relación y su compromiso con el mantenimiento de los valores islámicos.

Busque la guía de Allah a través de la oración y la súplica. Solicite el apoyo de Allah para manejar las complejidades de un matrimonio interreligioso y mantener una relación sólida y respetuosa. Confíe en la sabiduría de Allah y busque Su ayuda para superar cualquier desafío que pueda surgir.

En resumen, para llevar adelante un matrimonio con un marido no musulmán es necesario comprender el fiqh relacionado con los matrimonios interreligiosos y equilibrar las obligaciones religiosas con el respeto mutuo. La comunicación eficaz, el respeto por las creencias de cada uno y una consideración cuidadosa de la dinámica familiar son esenciales. Busque la orientación de eruditos expertos y confíe en el apoyo de Alá mientras navega por las complejidades de su relación mientras se esfuerza por mantener sus valores islámicos.

Capítulo 11: La crianza de los hijos en un hogar mixto

La crianza de los hijos en un hogar mixto exige una reflexión cuidadosa, sensibilidad y equilibrio para garantizar que los niños reciban un entorno enriquecedor que respete las creencias de ambos padres. Para las mujeres musulmanas que recién se incorporan a este tipo de hogares, es fundamental afrontar las complejidades de criar a los hijos de una manera que honre los valores islámicos y que tenga en cuenta las diversas perspectivas religiosas de ambos padres. Este capítulo ofrece orientación sobre cómo abordar la crianza de los hijos en un hogar mixto manteniendo una base islámica sólida.

Establecer una base de respeto y comprensión mutuos es esencial cuando se cría a los hijos en un hogar mixto. La comunicación abierta entre ambos padres sobre creencias, valores y prácticas religiosas es crucial para crear un enfoque de crianza cohesivo. Hablen y acuerden cómo abordar la educación religiosa, las celebraciones y las prácticas diarias de una manera que respete ambas religiones. Este entendimiento mutuo fomenta un entorno de apoyo para la crianza de los hijos y ayuda a prevenir conflictos relacionados con la educación religiosa.

Una de las principales consideraciones en un hogar mixto es cómo impartir educación y valores religiosos a sus hijos. El Islam enfatiza la importancia de inculcar la fe y los valores morales desde una edad temprana. Procure proporcionar a sus hijos una base sólida en las enseñanzas islámicas, incluidos el Corán, los hadices y los principios del buen carácter. Incorpore prácticas islámicas a la vida diaria, como las oraciones, el ayuno durante el Ramadán y la asistencia a la mezquita, para modelar y reforzar estos valores.

Al mismo tiempo, respete y reconozca las creencias y prácticas de su cónyuge. Fomente un entorno en el que sus hijos puedan aprender y apreciar las tradiciones religiosas de ambos padres. Este enfoque ayuda a los niños a comprender y respetar la diversidad, al tiempo que refuerza su propia identidad religiosa. Por ejemplo, si su cónyuge tiene tradiciones o prácticas religiosas específicas, permita que sus hijos participen y aprendan sobre ellas, siempre que no entren en conflicto con los valores islámicos.

También es importante encontrar un equilibrio entre las dos religiones en los rituales y celebraciones familiares. Celebre las fiestas y eventos islámicos, como el Eid y el Ramadán, con entusiasmo y compromiso. Al mismo tiempo, esté abierto a reconocer y participar en las celebraciones religiosas de su cónyuge, cuando sea apropiado. Este enfoque equilibrado demuestra respeto por ambas religiones y brinda a sus hijos una comprensión integral de las diversas prácticas religiosas.

Responder a las preguntas y la curiosidad de sus hijos sobre las diferencias religiosas requiere honestidad y sensibilidad. Ofrézcales explicaciones adecuadas a su edad sobre su fe y las creencias de su cónyuge. Enfatice los valores comunes, como la amabilidad, el respeto y el amor, que comparten las diferentes religiones. Al responder a sus preguntas de manera abierta y respetuosa, ayudará a sus hijos a desarrollar una visión positiva e informada de ambas religiones.

Involucre a ambos padres en la educación religiosa y moral. Colabore en la enseñanza de valores, principios éticos y lecciones de vida que se alineen con ambas religiones. Este esfuerzo conjunto transmite un mensaje coherente y refuerza la importancia de respetar y comprender las distintas creencias. También permite que los niños se beneficien de la sabiduría y las perspectivas combinadas de ambos padres.

Mantener una fuerte identidad islámica para sus hijos implica darles un ejemplo positivo y ser proactivos en su educación religiosa. Asegúrese de que sus hijos tengan acceso a recursos islámicos, como clases sobre el Corán, libros islámicos y programas comunitarios. Involucre a sus hijos en actividades que fortalezcan su fe y su conexión con la comunidad musulmana. Este enfoque proactivo ayuda a sus hijos a crecer con un fuerte sentido de identidad y pertenencia islámicas.

Para afrontar los desafíos de un hogar mixto se necesita paciencia, flexibilidad y comunicación constante. Esté preparado para abordar cualquier conflicto o problema que surja con sensibilidad y concentrándose en encontrar puntos en común. Hable y revise periódicamente su enfoque de la crianza y la educación religiosa con su cónyuge para asegurarse de que se respeten ambas religiones y de que sus hijos reciban una orientación coherente.

Busque el apoyo y la orientación de eruditos islámicos, líderes comunitarios y otros padres en situaciones similares. Sus conocimientos y experiencias pueden brindarle valiosos consejos y aliento. Relacionarse con una comunidad que brinde apoyo también puede ofrecerle soluciones prácticas y apoyo emocional mientras enfrenta las complejidades de ser padre en un hogar de fe mixta.

Por último, haga súplicas para recibir orientación y fortaleza en la crianza de los hijos. Busque la ayuda de Alá para que le brinde sabiduría, paciencia y claridad mientras cría a sus hijos en un entorno de fe mixta. Confíe en que Alá respaldará sus esfuerzos y le otorgará la capacidad de criar a sus hijos con amor y fe.

En resumen, la crianza de los hijos en un hogar mixto implica crear un entorno respetuoso y equilibrado que respete las creencias de ambos padres. Establecer una comunicación clara, brindar educación religiosa e involucrar a ambos padres en el proceso de crianza son clave para abordar esta dinámica. Al abordar las preguntas abiertamente, celebrar ambas religiones y buscar apoyo, puede fomentar un entorno positivo e inclusivo para sus hijos y, al mismo tiempo, mantener una base islámica sólida.

Capítulo 12: Construyendo nuevas amistades dentro de la comunidad musulmana

Establecer nuevas amistades dentro de la comunidad musulmana puede ser una experiencia gratificante y enriquecedora a medida que abrazas tu nueva fe. Establecer conexiones significativas con otros musulmanes brinda apoyo, comprensión y un sentido de pertenencia. Este capítulo explora estrategias efectivas para formar y cultivar amistades dentro de la comunidad musulmana y destaca los beneficios de estas relaciones en tu camino de fe.

Empiece por participar activamente en la comunidad musulmana de su localidad. Participe en eventos de la mezquita, reuniones comunitarias y clases islámicas para conocer a otros musulmanes y sumergirse en la comunidad. Asista a las oraciones del Jummah, a los círculos de estudio y a las actividades sociales organizadas por la mezquita o los centros islámicos locales. Estar presente en estos eventos no solo le ayudará a conocer gente nueva, sino que también le brindará oportunidades de compartir experiencias e intereses.

Busque organizaciones y grupos islámicos que coincidan con sus intereses y valores. Muchas comunidades tienen grupos especializados para mujeres, jóvenes o profesionales que se centran en diversos aspectos de la vida islámica. Unirse a estos grupos le permite conectarse con otras personas que comparten intereses y objetivos similares. Busque círculos de estudio, organizaciones de voluntarios o clubes sociales dentro de la comunidad musulmana para encontrar personas con ideas afines.

Enfréntese a las nuevas relaciones con apertura y sinceridad. Preséntese a los demás con un interés genuino en conocerlos. Sea accesible y amigable, y muestre un deseo de participar en conversaciones sobre la fe, las experiencias y los intereses comunes. Las amistades suelen comenzar con interacciones pequeñas y genuinas que pueden convertirse en conexiones más profundas con el tiempo.

Sea proactivo en el mantenimiento y fomento de nuevas amistades. Póngase en contacto con nuevos conocidos para organizar actividades sociales, como asistir a una conferencia, participar en un proyecto de servicio comunitario o simplemente tomar un café juntos. La comunicación regular y las actividades compartidas ayudan a fortalecer los vínculos y crear un sentido de camaradería. Haga un esfuerzo por mantenerse en contacto y mostrar su agradecimiento por las amistades que está desarrollando.

Cultiva un espíritu de empatía y apoyo en tus nuevas amistades. Acompaña a tus amigos en momentos de necesidad y ofréceles aliento y comprensión mientras transitan su propio camino de fe. Compartir experiencias, brindar apoyo y escucharlos contribuye a construir amistades sólidas y duraderas. El cuidado y la compasión genuinos son elementos esenciales para fomentar conexiones significativas.

Participe en actividades de servicio comunitario y caritativas. El voluntariado en proyectos comunitarios, la organización de eventos para recaudar fondos o la asistencia en iniciativas locales le permiten trabajar junto con otras personas de la comunidad. Estos esfuerzos compartidos crean oportunidades para crear vínculos en torno a objetivos comunes y demostrar su compromiso de servir a los demás. El servicio comunitario es una forma poderosa de construir relaciones y, al mismo tiempo, contribuir al bienestar de la comunidad.

Respete y valore la diversidad dentro de la comunidad musulmana. Reconozca que la comunidad musulmana es diversa en términos de antecedentes culturales, tradiciones y experiencias. Acepte esta diversidad y trate de aprender de las perspectivas y experiencias de los demás. Al valorar la riqueza de la comunidad y mostrar respeto por las diferentes tradiciones y prácticas, usted contribuye a un entorno más inclusivo y armonioso.

Aborde cualquier desafío o malentendido con paciencia y diplomacia. Construir amistades puede implicar abordar diferencias de opiniones o prácticas. Aborde los conflictos con un espíritu de reconciliación y comprensión, centrándose en encontrar puntos en común y resolver los problemas de manera amistosa. La comunicación abierta y respetuosa ayuda a fortalecer las relaciones y generar confianza.

Busque la orientación y el asesoramiento de miembros más experimentados de la comunidad. Conectarse con mentores o líderes comunitarios puede brindarle valiosos consejos y apoyo a medida que se desenvuelve en su nuevo entorno social. Sus conocimientos y experiencias pueden ayudarlo a comprender mejor la dinámica de la comunidad y ofrecerle orientación para construir relaciones significativas.

Por último, haz súplicas para que Allah te guíe en tus esfuerzos por construir nuevas amistades. Pídele a Allah que te conceda la capacidad de formar conexiones positivas y de apoyo dentro de la comunidad musulmana. Confía en que Allah bendecirá tus esfuerzos y te proporcionará amigos que serán una fuente de apoyo, aliento y compañía en tu camino de fe.

En resumen, construir nuevas amistades dentro de la comunidad musulmana implica participación activa, apertura y sinceridad. Participar en actividades comunitarias, buscar grupos que coincidan con tus intereses y cultivar relaciones con empatía y apoyo son claves para formar conexiones significativas. Acepta la diversidad, enfrenta los desafíos con paciencia y busca la ayuda de un mentor mientras construyes amistades. Con la guía y el esfuerzo de Alá, puedes establecer relaciones sólidas y satisfactorias que enriquezcan tu camino de fe y tu sentido de pertenencia.

Capítulo 13: Cómo tratar con amigos no musulmanes

Mantener amistades con amigos no musulmanes y adherirse a los principios islámicos implica equilibrar el respeto por la propia fe con el valor de las relaciones duraderas. Requiere una reflexión profunda, una comunicación abierta y un compromiso tanto con las creencias como con el bienestar de las amistades. Este capítulo ofrece orientación sobre cómo manejar estas relaciones de una manera que honre la fe y mantenga conexiones significativas.

Entender los límites y el respeto: comience por entender claramente los límites que exige su fe y cómo afectan sus interacciones con amigos no musulmanes. Las enseñanzas islámicas enfatizan la importancia de mantener la propia fe mientras se interactúa respetuosamente con los demás. Es importante tener en cuenta los principios islámicos en su comportamiento e interacciones, como evitar actividades o conversaciones que entren en conflicto con sus creencias. Comunique estos límites a sus amigos de manera amable y respetuosa, asegurándose de que comprendan su perspectiva sin sentirse juzgados o marginados.

Comunicación abierta: La comunicación honesta y respetuosa es esencial para manejar las relaciones con amigos no musulmanes. Comparta su fe con ellos de una manera informativa y accesible. Explíqueles por qué ciertas prácticas o actividades son importantes para usted y cómo se alinean con sus valores. Esto ayuda a fomentar el entendimiento y el respeto mutuos, lo que permite que sus amigos aprecien su perspectiva y se adapten a sus necesidades.

Equilibrar las actividades sociales: cuando participes en actividades sociales con amigos no musulmanes, intenta equilibrar tus exigencias religiosas con el mantenimiento de la amistad. Por ejemplo, si un evento incluye actividades que no están en línea con las enseñanzas islámicas, considera sugerir actividades alternativas que se alineen tanto con tus creencias como con los intereses de tus amigos. Participar de manera inclusiva y respetuosa ayuda a preservar la relación y, al mismo tiempo, honrar tu fe.

Ser un modelo a seguir: Tus acciones y tu comportamiento pueden ser un poderoso reflejo de tu fe. Esfuérzate por ser un modelo positivo a seguir encarnando valores islámicos como la bondad, la honestidad y la integridad. Tu conducta puede inspirar curiosidad y respeto, lo que puede llevar a debates más profundos sobre el Islam y fomentar una comprensión más respetuosa de tu fe entre tus amigos.

Cómo abordar temas delicados: aborde los temas delicados relacionados con la religión con cuidado y tacto. Si surgen discusiones sobre la fe o sobre temas controvertidos, participe en esas conversaciones con paciencia y respeto. Evite actitudes de confrontación o defensivas y concéntrese en compartir su perspectiva de una manera constructiva y comprensiva. Al abordar temas delicados con consideración, puede abordar malentendidos y construir puentes de entendimiento.

Cómo abordar invitaciones y celebraciones: cuando lo inviten a eventos o celebraciones que puedan entrar en conflicto con los principios islámicos, maneje la situación con diplomacia. Rechace con cortesía las invitaciones que impliquen actividades que no están permitidas en el Islam, pero exprese su gratitud por la invitación y su interés en mantener la relación. Ofrezca participar de maneras alternativas, como asistir a partes no religiosas del evento u organizar reuniones que se alineen con sus valores y las preferencias de sus amigos.

Ofrezca apoyo y comprensión: apoye y comprenda las creencias y prácticas de sus amigos no musulmanes. Respete sus tradiciones religiosas y muestre interés por sus perspectivas. Al demostrar un respeto y apoyo genuinos por sus creencias, fomenta una comprensión recíproca y fomenta una amistad positiva y respetuosa.

Mantener la integridad personal: manténgase fiel a sus valores y principios islámicos en todas las interacciones. Si bien es importante respetar y adaptarse a sus amigos, asegúrese de no comprometer sus creencias ni participar en actividades que contradigan su fe. Mantener la integridad personal fortalece su relación con Alá y lo ayuda a entablar amistades con confianza.

Búsqueda de orientación: consulte con eruditos o mentores expertos si tiene dificultades para gestionar sus relaciones con amigos no musulmanes. Sus opiniones pueden ofrecerle una valiosa orientación sobre cómo equilibrar su fe con las interacciones sociales y ayudarle a abordar cuestiones específicas que surjan.

Hacer dua: Busque constantemente la guía de Allah para mantener sus amistades y adherirse a los principios islámicos. Haga dua para obtener sabiduría, paciencia y fortaleza para manejar estas relaciones. Confíe en el apoyo y la guía de Allah mientras navega por las complejidades de equilibrar su fe con sus interacciones sociales.

En resumen, tratar con amigos no musulmanes implica equilibrar el respeto por tu fe con el valor de mantener relaciones significativas. Si entiendes tus límites, te comunicas abiertamente y eres un modelo positivo, podrás manejar estas amistades y al mismo tiempo defender los principios islámicos. Trata los temas delicados con cuidado, ofrece apoyo y comprensión y busca la guía de Alá para gestionar tus relaciones de manera eficaz. A través de una interacción reflexiva y un compromiso sincero con tus valores, puedes fomentar amistades respetuosas y solidarias que enriquezcan tu vida y tu camino de fe.

Capítulo 14: Lo halal y lo haram en la vida diaria

Comprender y aplicar los conceptos de halal (permitido) y haram (prohibido) en la vida diaria es fundamental para vivir de acuerdo con las enseñanzas islámicas. Estos principios guían diversos aspectos de la vida de un musulmán, desde las elecciones alimentarias hasta las transacciones financieras y las interacciones sociales. Este capítulo explora cómo abordar estos conceptos en sus actividades diarias, brindando orientación práctica sobre cómo garantizar que sus acciones se ajusten a los principios islámicos.

Comprender qué es halal y qué es haram: halal se refiere a lo que está permitido y es legal según la ley islámica, mientras que haram se refiere a lo que está prohibido. Estas clasificaciones se derivan del Corán, los hadices y las decisiones de los eruditos islámicos. Es importante familiarizarse con estas pautas para tomar decisiones informadas en la vida diaria. Halal abarca las acciones, los alimentos y los comportamientos que están en línea con las enseñanzas islámicas, mientras que haram incluye aquellos que están explícitamente prohibidos.

Opciones alimentarias: Uno de los aspectos más visibles de lo halal y lo haram son las restricciones alimentarias. Los alimentos halal son aquellos que están permitidos, mientras que los haram están prohibidos. Por ejemplo, la carne halal debe proceder de un animal que haya sido sacrificado de acuerdo con las pautas islámicas, y la carne de cerdo está estrictamente prohibida. Cuando vaya de compras o a comer fuera, busque la certificación halal o pregunte sobre los métodos de preparación de los alimentos para asegurarse de que cumplan con las normas islámicas. Comprender estas pautas le ayudará a tomar decisiones informadas y a mantener el cumplimiento de su fe.

Transacciones financieras: Las transacciones financieras en el Islam deben cumplir con los principios de equidad y transparencia. Las transacciones financieras halal implican evitar el interés (riba), el fraude y las prácticas poco éticas. Realice transacciones que se basen en el consentimiento mutuo, la honestidad y la integridad. Evite invertir en empresas o productos financieros que involucren actividades haram, como el juego o el alcohol. Comprender y aplicar estos principios en sus decisiones financieras garantiza que sus actividades económicas se alineen con los valores islámicos.

Interacciones sociales y comportamiento: Las enseñanzas islámicas brindan orientación sobre cómo comportarse en las interacciones sociales. El comportamiento halal incluye mantener la honestidad, el respeto y la amabilidad en las relaciones con los demás. Evitar los chismes, las calumnias y el comportamiento irrespetuoso se alinea con los principios islámicos. Participe en interacciones que promuevan valores positivos y contribuyan a un entorno armonioso y respetuoso. Comprender lo que se considera halal y haram en la conducta social lo ayudará a mantener un buen carácter y a construir relaciones sólidas y éticas.

Higiene y cuidado personal: Las prácticas de higiene y cuidado personal también se rigen por los principios islámicos. Las prácticas halal en el cuidado personal implican el uso de productos y métodos que sean limpios y permisibles. Por ejemplo, asegúrese de que los cosméticos y artículos de tocador no contengan ingredientes haram, como alcohol o sustancias derivadas de animales no sacrificados de acuerdo con la ley islámica. Mantener la limpieza y usar productos permisibles refleja la adhesión a las directrices islámicas y contribuye al bienestar personal.

Entretenimiento y ocio: el Islam fomenta la moderación en las actividades de ocio y entretenimiento. El entretenimiento halal incluye actividades que no entren en conflicto con los valores islámicos, como eventos familiares, actividades educativas y actividades recreativas que promuevan el crecimiento positivo. Evite participar en entretenimiento que incluya elementos haram, como contenido explícito, violencia excesiva o actividades que promuevan un comportamiento inmoral. Lograr un equilibrio entre actividades agradables y la adhesión a los principios islámicos garantiza que su tiempo libre sea gratificante y respetuoso con su fe.

Consumo ético: tome decisiones éticas en sus patrones de consumo seleccionando productos y servicios que se ajusten a los principios islámicos. Esto incluye apoyar a empresas que se adhieren a prácticas éticas, evitar productos que contribuyan al daño o la explotación y elegir artículos que sean respetuosos con el medio ambiente. Ser consciente de sus hábitos de consumo refleja un compromiso con una vida ética y responsable.

Cómo afrontar las ambigüedades: en algunas situaciones, puede encontrarse con dudas sobre si una actividad o un producto es halal o haram. Cuando se enfrente a tales ambigüedades, busque la orientación de eruditos expertos o autoridades islámicas. Consultar con una fuente confiable puede brindar claridad y ayudarlo a tomar decisiones informadas. Además, confiar en los principios islámicos y buscar conocimiento a través del estudio y la reflexión puede ayudarlo a afrontar situaciones complejas.

Hacer dua para recibir orientación: busca la guía de Alá para asegurarte de que tus acciones y decisiones diarias se alinean con los principios halal. Haz dua para obtener sabiduría y claridad para comprender y aplicar las enseñanzas islámicas en tu vida. Confía en que Alá te brindará el conocimiento y el apoyo necesarios para vivir de acuerdo con tu fe.

En resumen, aplicar los conceptos de halal y haram en la vida diaria implica comprender y adherirse a los principios islámicos en diversos aspectos de la vida, incluidas las opciones alimentarias, las transacciones financieras, el comportamiento social, la higiene personal, el entretenimiento y el consumo. Al tomar decisiones informadas y buscar la orientación de fuentes expertas, puede asegurarse de que sus acciones se alineen con los valores islámicos y contribuyan a una vida de integridad y fidelidad.

Capítulo 15: El ayuno y sus beneficios espirituales

El ayuno, o Sawm, es uno de los cinco pilares del Islam y tiene un profundo significado espiritual en la vida del musulmán. Observar el ayuno durante el mes de Ramadán no es simplemente un acto de abstención de comida y bebida; es una profunda práctica espiritual que nutre el alma, refuerza la conexión con Alá y fomenta un mayor sentido de empatía y autodisciplina. Este capítulo explora los beneficios espirituales del ayuno y cómo mejora la fe y el carácter.

El ayuno durante el Ramadán es un acto de adoración que acerca al musulmán a Alá. La práctica del ayuno exige que los creyentes se abstengan de comer, beber y realizar otras necesidades físicas desde el amanecer hasta el atardecer. Esta privación física sirve como medio para centrar el corazón y la mente en el crecimiento espiritual. Al renunciar temporalmente a los placeres y deseos mundanos, el ayuno permite a las personas concentrarse en su relación con Alá, fortaleciendo su fe y su devoción.

Uno de los principales beneficios espirituales del ayuno es el cultivo de la autodisciplina y el control. Abstenerse de comer y beber, así como de conductas negativas como discutir y chismear, desafía a las personas a ejercer la moderación y el autocontrol. Esta disciplina se extiende más allá del acto físico del ayuno, influyendo en los hábitos y la conducta personal. El ayuno alienta a los musulmanes a desarrollar la paciencia, la resiliencia y una mayor conciencia de sus acciones, fomentando un enfoque más consciente y disciplinado de la vida diaria.

El ayuno también mejora la empatía y la compasión. Experimentar hambre y sed permite a las personas desarrollar una comprensión más profunda de las dificultades que enfrentan los menos afortunados. Esta experiencia compartida de privación infunde un sentido de gratitud por las bendiciones que uno tiene y un mayor aprecio por la comodidad y la facilidad de la vida diaria. Al sentir la incomodidad que muchos experimentan regularmente, los musulmanes tienen más probabilidades de sentir compasión y estar motivados para ayudar a los necesitados, participando en actos de caridad y servicio.

El acto de ayunar brinda una oportunidad para la reflexión y el crecimiento espiritual. El Ramadán es un período en el que los musulmanes se involucran en actividades de culto más intensas, como la lectura del Corán, la realización de oraciones adicionales y la formulación de súplicas. El mayor enfoque en las actividades espirituales durante este mes permite a las personas profundizar su comprensión de las enseñanzas islámicas y buscar el perdón y la purificación. Este período de reflexión fomenta el autoexamen, el arrepentimiento y un compromiso renovado de vivir de acuerdo con los valores islámicos.

El ayuno durante el Ramadán también fomenta un sentido de comunidad y solidaridad entre los musulmanes. La experiencia compartida del ayuno crea un vínculo entre las personas y refuerza la identidad colectiva de la Ummah musulmana. Las oraciones compartidas, las comidas iftar comunitarias y los actos de caridad fortalecen las relaciones dentro de la comunidad y promueven un sentido de unidad y apoyo mutuo. Este aspecto comunitario del ayuno enfatiza la importancia de la unión y la colaboración en el crecimiento espiritual y la adoración.

Los beneficios espirituales del ayuno se extienden al bienestar mental y emocional. La práctica del ayuno promueve una sensación de tranquilidad y satisfacción al brindar un tiempo estructurado para la reflexión y la oración. La disciplina necesaria para abstenerse de satisfacer necesidades físicas permite a las personas obtener una perspectiva más clara sobre sus prioridades y objetivos. Este enfoque renovado en el desarrollo espiritual y personal a menudo conduce a una mayor resiliencia emocional y a un enfoque más equilibrado de los desafíos de la vida.

El ayuno también sirve como medio para acercarse a Dios mediante actos de adoración y devoción. Realizar otros actos de adoración, como recitar versículos coránicos, hacer dua y realizar actos de caridad, mejora la experiencia espiritual del Ramadán. Estos actos no solo acercan a las personas a Dios, sino que también refuerzan su sentido de propósito y su compromiso con su fe.

Además, el ayuno durante el Ramadán es un recordatorio de la naturaleza transitoria de los placeres mundanos y de la importancia de priorizar el crecimiento espiritual. Al abstenerse de las comodidades físicas, se recuerda a las personas el propósito mayor de la vida y la importancia de centrarse en el Más Allá. Esta perspectiva ayuda a cambiar las prioridades de la persona de las preocupaciones materiales a las aspiraciones espirituales, fomentando una conexión más profunda con Alá y una mayor sensación de realización.

El final del Ramadán trae consigo la celebración del Eid al-Fitr, una ocasión alegre que marca la finalización del período de ayuno. Esta celebración refleja el viaje espiritual emprendido durante el mes y la renovación de la fe. La gratitud y la alegría experimentadas durante el Eid sirven como testimonio del poder transformador del ayuno y del crecimiento espiritual alcanzado durante el Ramadán.

En resumen, el ayuno durante el Ramadán proporciona numerosos beneficios espirituales que van más allá del acto físico de abstenerse de comer y beber. Fomenta la autodisciplina, la empatía y la compasión, al tiempo que mejora la relación con Alá y promueve la reflexión y el crecimiento espiritual. Los aspectos comunitarios del ayuno y el enfoque en el culto y la devoción contribuyen a un sentido de unidad y propósito. Al abrazar las dimensiones espirituales del ayuno, los musulmanes pueden experimentar una profunda transformación personal y un compromiso renovado con su fe.

Capítulo 16: Zakat y caridad

El zakat y la caridad son aspectos fundamentales de la ética financiera islámica, profundamente arraigados en la fe y la práctica de los musulmanes. El zakat, uno de los cinco pilares del Islam, es una forma obligatoria de limosna diseñada para purificar la riqueza y ayudar a los necesitados. La caridad, o sadaqah, se extiende más allá del zakat obligatorio y representa actos voluntarios de donación para ayudar a los demás y fomentar el bienestar de la comunidad. Este capítulo profundiza en la importancia, la implementación y el impacto del zakat y la caridad en la vida de un musulmán.

Entender el Zakat: El Zakat es un acto obligatorio de dar, calculado como un porcentaje fijo de la riqueza de una persona, normalmente el 2,5%, a los necesitados. Se considera una obligación más que un acto voluntario de bondad. El propósito principal del Zakat es purificar la riqueza y el alma de una persona, redistribuir la riqueza para reducir la desigualdad económica y garantizar que se satisfagan las necesidades básicas de los menos afortunados. Es un mandato de Alá en el Corán y los Hadices y es parte integral del marco social y económico del Islam.

Elegibilidad y destinatarios del Zakat: El Zakat se entrega a categorías específicas de destinatarios, conocidas como las "ocho categorías" mencionadas en el Corán. Estas incluyen a los pobres, los necesitados, aquellos que administran el Zakat, aquellos cuyos corazones deben ser reconciliados, esclavos o cautivos que buscan la libertad, aquellos endeudados, aquellos que luchan en el camino de Alá y los viajeros necesitados. Asegurarse de que el Zakat llegue a los destinatarios apropiados es crucial para cumplir su propósito y defender su importancia en la justicia social islámica.

Cálculo del Zakat: Para cumplir adecuadamente con la obligación del Zakat, los musulmanes deben calcular con precisión su riqueza y sus bienes. Esto incluye la evaluación de los ahorros, las inversiones y otras formas de tenencias financieras, después de deducir las deudas y los pasivos. El cálculo debe realizarse anualmente, normalmente durante el Ramadán, un período de mayor reflexión y adoración. Asegurar la precisión en el cálculo y el cumplimiento de las directrices islámicas es esencial para la validez del Zakat.

Los beneficios espirituales del Zakat: Más allá de su impacto social, el Zakat tiene un profundo significado espiritual. Sirve como un medio para purificar la riqueza y el alma, promover la humildad y reforzar los valores de la generosidad y la compasión. Al dar el Zakat, las personas reconocen que su riqueza es un encargo de Alá y que tienen la responsabilidad de compartir sus bendiciones con los necesitados. Este acto de dar fomenta un sentimiento de gratitud y fortalece el vínculo entre el donante y Alá.

Caridad (Sadaqah): A diferencia del Zakat, la Sadaqah es un acto voluntario de donación que va más allá de la limosna obligatoria. La Sadaqah se puede dar en cualquier cantidad y en cualquier momento, y puede adoptar diversas formas, incluidas donaciones económicas, actos de bondad e incluso una sonrisa. La Sadaqah es muy recomendada en el Islam y sirve como un medio para ayudar a los necesitados, fortalecer los lazos comunitarios y obtener recompensas espirituales.

El impacto más amplio de la caridad: La caridad, ya sea en forma de Sadaqah o Zakat, desempeña un papel crucial en la lucha contra las desigualdades sociales y la mejora de las vidas de las personas y las comunidades. Ayuda a aliviar la pobreza, proporciona acceso a la educación y la atención sanitaria y apoya diversas iniciativas humanitarias. El impacto de la caridad se extiende más allá del socorro inmediato y contribuye al desarrollo social y económico a largo plazo.

Integrar la caridad en la vida diaria: Incorporar la caridad en la vida diaria implica convertirla en una práctica habitual en lugar de un acto esporádico. Esto puede incluir reservar una parte de los ingresos para la caridad, ofrecer tiempo y habilidades como voluntario para el servicio comunitario o participar en actos de bondad y apoyo. Al hacer de la caridad una parte habitual de la vida, las personas pueden contribuir continuamente al bienestar de los demás y fomentar una cultura de generosidad y compasión.

Fomentar una cultura de generosidad: cultivar una cultura de generosidad en las familias, las comunidades y las instituciones ayuda a reforzar los valores del Zakat y la caridad. Educar a los niños sobre la importancia de la limosna, organizar eventos comunitarios de recaudación de fondos y apoyar a organizaciones benéficas son formas de promover un compromiso colectivo con la justicia social y la filantropía. Animar a otros a participar en actividades benéficas fortalece los lazos comunitarios y amplifica el impacto de los esfuerzos colectivos.

Desafíos y consideraciones: Dar el Zakat y la caridad conlleva desafíos, como garantizar que los fondos se utilicen de manera eficaz, evitar el fraude y abordar las necesidades de comunidades diversas. Es importante investigar y apoyar organizaciones e iniciativas de buena reputación que se alineen con los valores islámicos y aborden de manera eficaz las necesidades de los destinatarios. Además, mantener la transparencia y la rendición de cuentas en las actividades de caridad ayuda a generar confianza y garantiza el uso adecuado de los recursos.

Hacer dua para recibir orientación: buscar la guía y las bendiciones de Allah en la práctica del zakat y la caridad es esencial. Haga dua para obtener sabiduría para dar de manera efectiva, sinceridad en la intención y la capacidad de ayudar a los necesitados. Confíe en la recompensa y el apoyo de Allah mientras cumple con sus obligaciones y contribuye al bienestar de los demás.

En resumen, el Zakat y la caridad son parte integral de la práctica islámica y ofrecen beneficios tanto espirituales como sociales. El Zakat, como acto obligatorio de limosna, purifica la riqueza y aborda las disparidades económicas, mientras que la Sadaqah representa actos voluntarios de bondad que mejoran el bienestar de la comunidad. Comprender los principios del Zakat y la caridad, integrarlos en la vida diaria y abordar los desafíos asociados contribuye a cumplir con las obligaciones islámicas y a fomentar una cultura de compasión y generosidad. A través de estos actos, los musulmanes pueden fortalecer su conexión con Alá, apoyar a los necesitados y contribuir a la mejora de la sociedad.

Capítulo 17: El Hajj y la Umrah

El Hajj y la Umrah son dos importantes peregrinaciones en el Islam que tienen una gran importancia espiritual y religiosa. El Hajj, uno de los cinco pilares del Islam, es una peregrinación anual a La Meca que todo musulmán debe realizar al menos una vez en la vida si puede hacerlo. La Umrah, si bien no es obligatoria, es una peregrinación muy recomendable que se puede realizar en cualquier momento del año. Este capítulo explora los rituales, el significado y los beneficios espirituales tanto del Hajj como de la Umrah, y ofrece una comprensión integral de estos viajes sagrados.

El significado del Hajj: El Hajj es una peregrinación profundamente transformadora que simboliza la unidad y la sumisión de los musulmanes ante Alá. Se realiza anualmente durante el mes islámico de Dhu al-Hijjah, y culmina con la celebración del Eid al-Adha. El Hajj comprende una serie de rituales, entre ellos el Tawaf (circunvalación de la Kaaba), el Sa'i (caminata entre Safa y Marwah), la parada en Arafat y la realización del ritual de la lapidación en Mina. Estos actos conmemoran las acciones del profeta Ibrahim (Abraham) y su familia, que encarnan la sumisión, el sacrificio y la devoción.

Beneficios espirituales del Hajj: El Hajj ofrece numerosos beneficios espirituales, entre ellos la oportunidad de una profunda introspección, purificación espiritual y renovación de la fe. La peregrinación sirve como un poderoso recordatorio de la igualdad y la unidad de los musulmanes, ya que peregrinos de diversos orígenes se reúnen para realizar los mismos rituales con un espíritu de humildad y sumisión. El Hajj también es un momento para buscar el perdón y hacer súplicas, con la creencia de que los pecados de un peregrino sincero son perdonados y regresan como si hubieran nacido de nuevo.

Preparación para el Hajj: La preparación para el Hajj implica preparativos tanto prácticos como espirituales. En la práctica, los peregrinos deben organizar el viaje, obtener la documentación necesaria y preparar sus recursos físicos y financieros. En el plano espiritual, la preparación implica aumentar el conocimiento sobre los rituales, buscar el perdón de los pecados pasados y tener intenciones sinceras. Se anima a los peregrinos a realizar actos de adoración, como el ayuno y la oración intensa, en los meses previos al Hajj para preparar sus corazones y mentes.

Los rituales del Hajj: Los rituales del Hajj se realizan durante varios días y están profundamente arraigados en la tradición islámica. Los rituales clave incluyen entrar en estado de Ihram, un estado sagrado de pureza e intención; realizar el Tawaf, que implica dar siete vueltas alrededor de la Kaaba; realizar el Sa'i, caminando entre las colinas de Safa y Marwah; permanecer de pie en oración en la llanura de Arafat; y realizar la lapidación simbólica del Yamarat en Mina. Cada ritual tiene un profundo significado espiritual, ya que conmemora los sacrificios y la fe del profeta Ibrahim y su familia.

Entender la Umrah: La Umrah es una peregrinación que se puede realizar en cualquier momento del año, a diferencia del Hajj, que tiene fechas específicas. Aunque la Umrah no es obligatoria, es muy recomendable y tiene un gran mérito espiritual. Los rituales de la Umrah son similares a los del Hajj, pero son menos extensos. Incluyen entrar en el ihram, realizar el tawaf, el sa'i y afeitarse o cortarse el cabello. Se cree que realizar la Umrah trae inmensas recompensas espirituales y puede servir como un medio para buscar la cercanía con Allah.

Beneficios espirituales de la Umrah: La Umrah ofrece beneficios espirituales como la purificación del alma, la renovación de la fe y la búsqueda del perdón de Dios. El acto de realizar la Umrah demuestra devoción y sumisión a Dios y brinda una oportunidad para la reflexión y el crecimiento personal. Sirve como un medio para fortalecer la relación con Dios y buscar Sus bendiciones y misericordia.

Preparación para la Umrah: La preparación para la Umrah implica pasos similares a los del Hajj, incluidos los preparativos logísticos y la preparación espiritual. Los peregrinos deben familiarizarse con los rituales y manifestar intenciones sinceras antes de emprender el viaje. Asegurarse de que todos los aspectos de la peregrinación se realicen con devoción y sinceridad mejora la experiencia espiritual de la Umrah.

El impacto del Hajj y la Umrah en el peregrino: Tanto el Hajj como la Umrah tienen un profundo impacto en el bienestar espiritual, psicológico y social del peregrino. La experiencia de estar en las ciudades santas de La Meca y Medina, participar en los rituales y realizar actos de adoración fomenta un profundo sentido de conexión espiritual y paz interior. La peregrinación también refuerza los valores de la humildad, la gratitud y la empatía, ya que los peregrinos reflexionan sobre su lugar dentro de la Ummah musulmana en general.

El Hajj y la Umrah como actos de adoración: Tanto el Hajj como la Umrah son actos de adoración que encarnan los principios de sumisión, sacrificio y devoción. Sirven como recordatorios de la naturaleza transitoria de la vida mundana y la importancia de priorizar la relación con Alá. Los rituales que se realizan durante estas peregrinaciones reflejan el profundo significado espiritual de la obediencia y la reverencia en la vida de un musulmán.

Reflexión posterior a la peregrinación: después de completar el Hajj o la Umrah, se anima a los peregrinos a reflexionar sobre sus experiencias y a tratar de aplicar las lecciones aprendidas en su vida diaria. La peregrinación sirve como un reinicio espiritual, alentando a las personas a llevar una vida de rectitud, humildad y devoción. Mantener los conocimientos espirituales adquiridos durante la peregrinación puede contribuir al crecimiento personal continuo y a un compromiso más profundo con los principios islámicos.

En resumen, el Hajj y la Umrah son viajes espirituales profundos que tienen un profundo significado en el Islam. El Hajj, como peregrinación obligatoria, representa la culminación de la sumisión y la devoción, mientras que la Umrah, como acto voluntario, ofrece renovación espiritual y mérito. Ambas peregrinaciones brindan oportunidades para una profunda introspección, purificación y fortalecimiento de la fe. Prepararse y realizar estas peregrinaciones con sinceridad y devoción mejora su impacto espiritual y fomenta una conexión más profunda con Dios.

Capítulo 18: Cómo afrontar el aislamiento y la soledad

El aislamiento y la soledad son desafíos comunes que muchas personas enfrentan y, para las mujeres musulmanas, estos sentimientos pueden verse exacerbados por la transición a una nueva fe y comunidad. Para manejar estas emociones es necesario comprender sus causas profundas, desarrollar estrategias de afrontamiento y buscar apoyo dentro del marco de las enseñanzas islámicas. Este capítulo explora formas de manejar y superar el aislamiento y la soledad, haciendo hincapié en la importancia de los enfoques espirituales y prácticos.

Comprender el aislamiento y la soledad: el aislamiento se refiere al estado de estar físicamente separado de los demás, mientras que la soledad es la experiencia emocional de sentirse desconectado, independientemente de la proximidad física. Las mujeres musulmanas recientes pueden experimentar estos sentimientos debido a diversos factores, como la falta de familiaridad con la nueva comunidad religiosa, los cambios en la dinámica social o los ajustes personales a las nuevas prácticas religiosas. Reconocer estas emociones y comprender sus orígenes es el primer paso para abordarlas de manera eficaz.

Abrazar la conexión espiritual: el Islam enfatiza la importancia de mantener una relación sólida con Alá, que puede brindar consuelo y compañía en tiempos de aislamiento. Realizar oraciones regulares, leer el Corán y hacer dua son formas de profundizar esta conexión espiritual y encontrar consuelo. La conciencia de la presencia de Alá y Su misericordia puede ayudar a aliviar los sentimientos de soledad y brindar una sensación de paz interior y apoyo.

Crear una red de apoyo: crear una red de apoyo dentro de la comunidad musulmana puede mitigar significativamente los sentimientos de aislamiento. Participe en las actividades de la mezquita local, únase a grupos de estudio o asista a eventos sociales organizados por la comunidad. Conectarse con otros musulmanes que comparten experiencias similares puede ofrecer apoyo emocional y compañía. Establecer relaciones con otras personas que comprenden los desafíos de adaptarse a una nueva fe puede brindar un sentido de pertenencia y reducir los sentimientos de soledad.

Encontrar mentores y modelos a seguir: Busque la orientación de mujeres musulmanas con experiencia que puedan ofrecer apoyo y asesoramiento. Los mentores pueden brindar información valiosa para enfrentar los desafíos de las nuevas prácticas religiosas y la integración en la comunidad. También pueden ofrecer consejos prácticos para lidiar con el aislamiento y servir como fuente de aliento e inspiración.

Participación en servicios comunitarios: el voluntariado y la participación en servicios comunitarios pueden ayudar a aliviar los sentimientos de aislamiento al fomentar un sentido de propósito y conexión. Participar en actividades benéficas o contribuir a proyectos comunitarios puede crear oportunidades para conocer gente nueva, desarrollar relaciones significativas y contribuir positivamente a la comunidad.

Desarrollar intereses personales: dedicarse a intereses y pasatiempos personales puede ser una forma constructiva de manejar los sentimientos de soledad. Participar en actividades que le gusten o explorar nuevos intereses puede ofrecer una sensación de satisfacción y ayudar a desviar la atención del aislamiento. Ya sea que se trate de aprender una nueva habilidad, dedicarse a proyectos creativos o participar en actividades recreativas, encontrar formas de mantenerse activo puede mejorar el bienestar general.

Mantener un estilo de vida saludable: la salud física puede tener un impacto significativo en el bienestar emocional. Asegúrese de mantener una dieta equilibrada, hacer ejercicio con regularidad y descansar lo suficiente. La salud física está estrechamente relacionada con la salud mental, y un estilo de vida saludable puede mejorar el estado de ánimo y reducir los sentimientos de soledad. Incorporar prácticas de cuidado personal a su rutina puede ayudarlo a sentirse más conectado y arraigado.

Búsqueda de ayuda profesional: si los sentimientos de aislamiento y soledad se vuelven abrumadores, considere buscar el apoyo de profesionales de la salud mental. Los consejeros o terapeutas pueden brindar estrategias y herramientas para abordar estas emociones y ofrecer un espacio seguro para hablar y trabajar sobre los desafíos personales. El apoyo profesional puede complementar los enfoques espirituales y comunitarios para manejar la soledad.

Practicar la gratitud y la reflexión: practicar la gratitud y la reflexión de forma regular puede hacer que dejemos de centrarnos en los sentimientos de soledad y nos centremos en apreciar las bendiciones que tenemos en la vida. Llevar un diario de gratitud, reflexionar sobre las experiencias positivas y reconocer las pequeñas alegrías de la vida diaria puede fomentar una actitud más positiva y reducir los sentimientos de aislamiento.

Mantener las conexiones sociales: incluso si la proximidad física es limitada, mantener las conexiones sociales a través de medios digitales puede ayudar a cerrar la brecha. Utilice la tecnología para mantenerse en contacto con familiares y amigos, participar en grupos comunitarios en línea y participar en eventos virtuales. Mantenerse conectado a través de canales digitales puede ayudar a mantener las relaciones y reducir los sentimientos de aislamiento.

Recurrir a las enseñanzas islámicas: el Islam ofrece numerosas enseñanzas sobre cómo afrontar la soledad y buscar consuelo en tiempos de angustia. El Profeta Muhammad (la paz sea con él) y el Corán ofrecen orientación sobre la paciencia, la confianza en Alá y la búsqueda de consuelo a través de la adoración. Reflexionar sobre estas enseñanzas y aplicarlas a su situación puede brindarle apoyo espiritual y una sensación de conexión.

Establecer expectativas realistas: adaptarse a una nueva fe y comunidad implica un proceso de adaptación y paciencia. Establezca expectativas realistas para usted mismo y comprenda que construir conexiones y superar los sentimientos de soledad lleva tiempo. Sea amable con usted mismo y reconozca el progreso que haga a lo largo del camino.

En resumen, lidiar con el aislamiento y la soledad implica un enfoque multifacético que incluye prácticas espirituales, construir vínculos comunitarios, perseguir intereses personales y buscar apoyo profesional si es necesario. Al adoptar las enseñanzas islámicas, involucrarse con la comunidad y mantener un estilo de vida saludable, las nuevas mujeres musulmanas pueden superar estos desafíos y encontrar un sentido de pertenencia y satisfacción. El viaje para superar el aislamiento y la soledad es continuo, pero con paciencia, apoyo y fe, es posible encontrar la paz y la conexión.

Capítulo 19: Cómo manejar el estrés y la ansiedad como nuevo musulmán

La transición a una nueva fe y estilo de vida puede ser emocionante y abrumadora a la vez, y a menudo genera estrés y ansiedad. Como nuevo musulmán, gestionar estos sentimientos de manera eficaz es fundamental para mantener el bienestar emocional y fomentar un camino espiritual positivo. Este capítulo explora estrategias para gestionar el estrés y la ansiedad, incorporando tanto enseñanzas islámicas como enfoques prácticos para ayudar a los nuevos musulmanes a transitar su nuevo camino con resiliencia y paz.

Comprender el estrés y la ansiedad: El estrés y la ansiedad son respuestas naturales a los desafíos y cambios de la vida. Para los nuevos musulmanes, estos sentimientos pueden ser desencadenados por diversos factores, como la adaptación a nuevas prácticas religiosas, la integración en una nueva comunidad o el equilibrio entre la fe y las responsabilidades personales y profesionales existentes. Reconocer estas emociones y comprender sus orígenes es el primer paso para abordarlas de manera constructiva.

Prácticas espirituales para controlar el estrés: el Islam ofrece varias prácticas espirituales que pueden ayudar a aliviar el estrés y la ansiedad. La oración regular (Salah) proporciona un tiempo estructurado para la reflexión y la conexión con Alá, lo que ofrece una sensación de calma y tranquilidad. Realizar dhikr (recuerdo de Alá) y recitar versos coránicos también puede brindar consuelo y reducir la ansiedad. La práctica de hacer dua (súplica) permite a las personas expresar sus preocupaciones y buscar el apoyo y la guía de Alá durante los momentos difíciles.

Desarrollar una red de apoyo sólida: desarrollar una red de apoyo dentro de la comunidad musulmana puede ayudar a controlar los sentimientos de estrés y ansiedad. Conectarse con otros musulmanes que comprendan sus experiencias y desafíos puede ofrecer apoyo emocional y consejos prácticos. Participar en eventos comunitarios, sumarse a grupos de estudio y participar en actividades sociales puede generar un sentido de pertenencia y reducir los sentimientos de aislamiento.

Búsqueda de conocimiento y orientación: adquirir una comprensión más profunda de las enseñanzas y prácticas islámicas puede aliviar la ansiedad relacionada con las prácticas religiosas. Aprender sobre los principios del Islam, el significado de los diversos rituales y las enseñanzas del Profeta Muhammad (la paz sea con él) puede brindar claridad y confianza. Buscar la orientación de mentores expertos o eruditos islámicos puede ayudar a abordar inquietudes específicas y brindar tranquilidad.

Practicar el autocuidado y la atención plena: incorporar prácticas de autocuidado y atención plena en las rutinas diarias puede ayudar a controlar el estrés y la ansiedad. Actividades como la meditación, los ejercicios de respiración profunda y las técnicas de relajación pueden promover el bienestar mental y emocional. Además, mantener un estilo de vida saludable a través de una nutrición equilibrada, ejercicio regular y un sueño adecuado favorece la resiliencia general y reduce los niveles de estrés.

Establecer metas y expectativas realistas: Adaptarse a una nueva fe y estilo de vida implica una curva de aprendizaje, y establecer metas realistas puede ayudar a controlar el estrés. Evite abrumarse con la presión de dominar todos los aspectos de su nueva fe de inmediato. En cambio, concéntrese en el progreso gradual, estableciendo metas alcanzables y celebrando los pequeños éxitos. Este enfoque ayuda a generar confianza y reduce los sentimientos de incompetencia o frustración.

Encontrar el equilibrio y gestionar las responsabilidades: equilibrar las obligaciones religiosas con las responsabilidades personales y profesionales puede ser un desafío. Establecer una rutina estructurada que incluya tiempo para la oración, el culto, el trabajo y las actividades personales puede ayudar a controlar el estrés y mantener una sensación de orden. Priorizar tareas, delegar responsabilidades cuando sea posible y establecer límites son esenciales para gestionar la carga de trabajo y reducir el estrés.

Búsqueda de ayuda profesional: si el estrés y la ansiedad se vuelven abrumadores o persistentes, puede resultar beneficioso buscar el apoyo de profesionales de la salud mental. Los terapeutas o consejeros pueden brindar estrategias y herramientas para controlar la ansiedad y ofrecer un espacio seguro para hablar sobre los desafíos personales. El apoyo profesional complementa las prácticas espirituales y el apoyo comunitario para abordar los problemas de salud mental.

Aplicación de las enseñanzas islámicas sobre la paciencia y la confianza: el Islam enseña la importancia de la paciencia (Sabr) y la confianza (Tawakkul) en el plan de Alá. Reflexionar sobre estas enseñanzas puede brindar consuelo y perspectiva durante momentos estresantes. Comprender que las pruebas son parte de la vida y confiar en la sabiduría de Alá puede ayudar a cambiar el enfoque de las preocupaciones inmediatas a una perspectiva más amplia y esperanzadora.

Participar en actividades positivas: participar en actividades que le brinden alegría y satisfacción puede ayudar a controlar el estrés y mejorar el bienestar emocional. Practique pasatiempos, pase tiempo con sus seres queridos y participe en actividades que se alineen con sus intereses y valores. Las experiencias e interacciones positivas pueden aliviar el estrés y contribuir a una vida más equilibrada y plena.

Crear un plan de apoyo personal: Desarrolle un plan de apoyo personal que incluya estrategias y recursos para controlar el estrés y la ansiedad. Identifique actividades que lo ayuden a relajarse, comuníquese con personas o grupos que lo apoyen y establezca rutinas que fomenten el bienestar. Tener un plan establecido puede brindar una sensación de control y preparación para enfrentar situaciones difíciles.

En resumen, manejar el estrés y la ansiedad como nuevo musulmán implica una combinación de prácticas espirituales, apoyo comunitario, cuidado personal y estrategias prácticas. Adoptar las enseñanzas islámicas, buscar conocimiento y mantener un estilo de vida equilibrado puede ayudar a aliviar los sentimientos de estrés y ansiedad. Al establecer metas realistas, buscar ayuda profesional si es necesario y participar en actividades positivas, los nuevos musulmanes pueden transitar su camino con resiliencia y paz. El proceso de manejo del estrés y la ansiedad es continuo, pero con paciencia, apoyo y fe, es posible cultivar una sensación de calma y bienestar.

Capítulo 20: Cómo superar los conceptos erróneos culturales y religiosos

Los conceptos erróneos culturales y religiosos pueden tener un impacto significativo en las experiencias de las nuevas mujeres musulmanas, y a menudo crean barreras para la comprensión y la aceptación. Estos conceptos erróneos pueden surgir de malentendidos sobre las creencias y prácticas islámicas, así como de diferencias culturales. Para superar estos conceptos erróneos se necesita educación, diálogo y una actitud de mente abierta. En este capítulo se exploran estrategias para abordar y superar los conceptos erróneos culturales y religiosos, tanto en uno mismo como en las interacciones con los demás.

Comprender los conceptos erróneos: los conceptos erróneos sobre el Islam y las prácticas musulmanas suelen deberse a una falta de información y exposición precisas. Estos conceptos erróneos pueden incluir estereotipos sobre las prácticas islámicas, malentendidos sobre las obligaciones religiosas y confusión sobre las tradiciones culturales y religiosas. Comprender las causas profundas de estos conceptos erróneos es fundamental para abordarlos de manera eficaz.

Educarse a sí mismo y a los demás: una de las formas más eficaces de superar los conceptos erróneos es la educación. Como nuevo musulmán, invertir tiempo en aprender sobre las enseñanzas, la historia y las prácticas culturales islámicas puede brindar claridad y confianza. Comprender los principios básicos del Islam, como los Cinco Pilares, las enseñanzas del Profeta Muhammad (la paz sea con él) y la importancia del Corán, lo capacita para abordar los malentendidos con precisión.

Entablar un diálogo abierto: el diálogo abierto y respetuoso es fundamental para disipar los conceptos erróneos. Participe en conversaciones con amigos, familiares y colegas sobre el Islam y sus prácticas. Comparta sus experiencias y explique los aspectos del Islam que puedan malinterpretarse. Aborde estas conversaciones con paciencia y empatía, reconociendo que cambiar creencias profundamente arraigadas lleva tiempo.

Cómo abordar los estereotipos y los malentendidos: los estereotipos sobre las mujeres musulmanas, como las ideas erróneas sobre el recato, el hiyab y los roles dentro de la familia, pueden ser especialmente difíciles de abordar. Es importante abordar estos estereotipos directamente y brindar contexto. Por ejemplo, explicar las diversas prácticas culturales dentro del mundo musulmán y la elección personal detrás del uso del hiyab puede ayudar a disipar mitos y promover una comprensión más matizada.

Destacar los valores comunes: destacar los valores comunes que comparten el Islam y otros sistemas de creencias puede ayudar a superar las brechas y fomentar el respeto mutuo. Hablar de principios compartidos como la compasión, la justicia y los valores familiares puede crear puntos en común y desafiar los estereotipos negativos. Al destacar estos puntos en común, puede crear conexiones y fomentar una visión más positiva del Islam.

Aprovechar los medios de comunicación y los recursos: utilizar recursos de medios de comunicación precisos y fiables puede ayudar a superar los conceptos erróneos. Comparta artículos educativos, libros, documentales y sitios web que proporcionen información veraz sobre el Islam y las prácticas musulmanas. Los recursos de los medios de comunicación pueden ofrecer información sobre las diversas experiencias de los musulmanes y desafiar los estereotipos predominantes.

Establecer relaciones positivas: desarrollar relaciones positivas con personas de diferentes orígenes puede ayudar a contrarrestar los conceptos erróneos. Participe en actividades comunitarias, trabajo voluntario y eventos interreligiosos que promuevan la comprensión y la colaboración. Establecer relaciones basadas en el respeto mutuo y objetivos compartidos puede disipar los conceptos erróneos y fomentar un entorno más inclusivo.

Dar ejemplo de los valores islámicos: demostrar los valores islámicos a través de sus acciones y comportamiento puede tener un gran impacto en la percepción de los demás. Sea un ejemplo de principios como la honestidad, la amabilidad y el respeto en sus interacciones. Al encarnar estos valores, puede desafiar los estereotipos negativos y mostrar los aspectos positivos del Islam.

Búsqueda de apoyo de los líderes comunitarios: los líderes comunitarios y las organizaciones islámicas pueden desempeñar un papel crucial a la hora de abordar los conceptos erróneos y promover la comprensión. Busque el apoyo de los líderes de las mezquitas locales, los educadores islámicos y los activistas comunitarios que puedan ofrecer orientación y recursos para la difusión educativa. Los esfuerzos de colaboración con estos líderes pueden amplificar el mensaje y llegar a un público más amplio.

Fomentar el aprendizaje continuo: fomentar una cultura de aprendizaje continuo y de curiosidad sobre el Islam. Animar a los demás a hacer preguntas, buscar conocimientos y explorar más a fondo las enseñanzas islámicas. Ofrecer oportunidades de aprendizaje, como conferencias, talleres y grupos de debate, puede ayudar a abordar conceptos erróneos y promover una comprensión informada.

Abordar los conceptos erróneos en la comunidad musulmana: También pueden surgir conceptos erróneos en la comunidad musulmana, especialmente en relación con las prácticas culturales y las interpretaciones de las enseñanzas islámicas. El diálogo interno y la educación dentro de la comunidad pueden abordar estas cuestiones y promover una comprensión más precisa y unificada del Islam.

Diferencias culturales: distinguir entre prácticas culturales y enseñanzas religiosas es importante para abordar conceptos erróneos. Muchas prácticas atribuidas al Islam pueden tener su origen en tradiciones culturales específicas y no en principios islámicos. Es necesario aclarar estas distinciones para evitar mezclar prácticas culturales con obligaciones religiosas.

Promoción de una representación positiva de los musulmanes en los medios de comunicación: abogar por una representación precisa y positiva de los musulmanes en los medios de comunicación. Apoyar proyectos e iniciativas de los medios de comunicación que destaquen la diversidad y las contribuciones de los musulmanes. Las representaciones positivas en los medios de comunicación pueden ayudar a contrarrestar los estereotipos y ofrecer una visión más equilibrada del Islam y de las comunidades musulmanas.

Responder a las críticas de manera constructiva: cuando reciba críticas o comentarios negativos sobre el Islam, responda de manera constructiva y respetuosa. Aproveche estas oportunidades para brindar información precisa y abordar conceptos erróneos. Mantenga una actitud tranquila y serena y concéntrese en fomentar la comprensión en lugar de involucrarse en conflictos.

Desarrollar la resiliencia personal: superar los conceptos erróneos puede ser un desafío y puede implicar enfrentar prejuicios u hostilidad. Desarrollar la resiliencia personal y mantener un fuerte sentido de sí mismo puede ayudar a superar estas dificultades. Apóyese en su fe, busque el apoyo de su comunidad y mantenga el compromiso de promover la comprensión y el diálogo.

Fomentar las iniciativas interreligiosas: apoyar y participar en iniciativas interreligiosas que promuevan el respeto y la comprensión mutuos. La participación en debates y proyectos colaborativos con personas de diferentes orígenes religiosos puede contribuir a derribar barreras y fomentar una sociedad más inclusiva e informada.

Evaluación del progreso y adaptación de estrategias: evalúe periódicamente la eficacia de sus esfuerzos para abordar los conceptos erróneos y esté abierto a adaptar sus estrategias según sea necesario. Reflexione sobre el progreso logrado, busque comentarios y continúe buscando oportunidades de educación y diálogo.

En resumen, superar los conceptos erróneos culturales y religiosos implica un enfoque multifacético que incluye la educación, el diálogo y la participación positiva. Al comprender las causas profundas de los conceptos erróneos, educarse a sí mismo y a los demás y participar activamente en iniciativas comunitarias e interreligiosas, puede ayudar a disipar mitos y fomentar una comprensión más precisa y respetuosa del Islam. Adoptar estas estrategias con paciencia y resiliencia puede contribuir a una sociedad más inclusiva e informada.

Capítulo 21: Los derechos de las mujeres en el Islam

Las enseñanzas islámicas sobre los derechos de la mujer suelen ser malinterpretadas o malinterpretadas, lo que da lugar a diversos conceptos erróneos sobre el papel y la condición de la mujer en el Islam. Este capítulo tiene como objetivo aclarar estas enseñanzas, destacando los derechos y responsabilidades de la mujer tal como se describen en el Corán y la Sunnah. Al explorar el contexto histórico, la evidencia bíblica y las implicaciones prácticas, pretendemos proporcionar una comprensión integral de los derechos de la mujer en el Islam.

Contexto histórico de los derechos de la mujer en el Islam: La llegada del Islam trajo consigo reformas significativas en la condición y los derechos de la mujer en la Arabia del siglo VII, donde las mujeres solían estar marginadas y carecían de derechos básicos. El Islam introdujo medidas para proteger la dignidad de la mujer, garantizar sus derechos económicos y sociales y promover su bienestar. Estas reformas fueron revolucionarias para su época y sentaron las bases para el reconocimiento de los derechos de la mujer.

Igualdad y dignidad: El Corán enfatiza la dignidad e igualdad inherentes de todos los seres humanos, incluidas las mujeres. En la Sura An-Nisa (4:32), se afirma: "Y los hombres no son como las mujeres". Este versículo se interpreta a menudo en el contexto de roles complementarios, no en términos de superioridad o inferioridad. Los principios de igualdad en el Corán destacan que los hombres y las mujeres son iguales en su valor espiritual y en su responsabilidad ante Dios.

Derecho a la educación y al conocimiento: El Islam alienta tanto a los hombres como a las mujeres a buscar el conocimiento. El Profeta Muhammad (la paz sea con él) enfatizó la importancia de la educación para todos los musulmanes, independientemente de su género. El famoso hadiz "Buscar el conocimiento es una obligación de todo musulmán" (Ibn Majah) subraya que la educación es un derecho fundamental de las mujeres, que les permite contribuir eficazmente a la sociedad y desarrollar su potencial personal.

Derechos de propiedad e independencia financiera: las mujeres en el Islam tienen derecho a poseer, administrar y heredar propiedades. El Corán concede explícitamente a las mujeres el derecho a heredar propiedades de sus parientes (Sura An-Nisa, 4:7), una reforma significativa en la Arabia preislámica, donde las mujeres no tenían derechos de herencia. Las mujeres también pueden dedicarse a los negocios, obtener ingresos y administrar sus finanzas de forma independiente.

Matrimonio y derechos familiares: El Islam otorga a las mujeres derechos específicos dentro de la institución del matrimonio. Para contraer matrimonio se requiere el consentimiento de la mujer, lo que garantiza que tenga voz y voto en la elección de su cónyuge (Sura An-Nisa, 4:19). El Corán también destaca la importancia del respeto mutuo, la bondad y la justicia en el matrimonio, y el Profeta Muhammad (la paz sea con él) destacó la necesidad de un trato equitativo para las esposas. Las mujeres también tienen derecho a un contrato matrimonial que describa sus derechos y responsabilidades.

Derechos en caso de divorcio y custodia: En caso de divorcio, la ley islámica otorga a las mujeres el derecho a un trato justo y apoyo económico. El Corán describe disposiciones sobre el 'iddah (período de espera) y la manutención durante este período (Sura Al-Baqarah, 2:241). Las mujeres también tienen derecho a solicitar el divorcio en determinadas circunstancias, conocidas como "Talaq" y "Khula", para asegurarse de no quedar atrapadas en situaciones desfavorables. La ley islámica también aborda los derechos de custodia, priorizando el bienestar de los niños y garantizando que ambos padres contribuyan a su crianza.

Protección contra el abuso: el Islam condena todas las formas de abuso y violencia contra la mujer. El Corán aboga por la amabilidad y el respeto en todas las interacciones (Sura An-Nisa, 4:36), y el Profeta Muhammad (la paz sea con él) se pronunció firmemente contra la violencia doméstica, afirmando que los mejores creyentes son aquellos que son mejores con sus familias. El Islam ofrece marcos legales y éticos para proteger a las mujeres de todo daño y garantizar su seguridad.

Participación en la vida pública: las mujeres en el Islam tienen derecho a participar en la vida pública y social. Entre los ejemplos históricos se encuentran figuras femeninas prominentes como Khadijah bint Khuwaylid, una exitosa empresaria, y Aisha bint Abu Bakr, una reputada erudita y consejera. El Islam apoya la participación de las mujeres en diversos campos, como la política, la educación y el servicio comunitario, lo que refleja su papel activo en la sociedad.

Abordar los conceptos erróneos: los conceptos erróneos sobre los derechos de la mujer en el Islam suelen tener su origen en prácticas culturales o interpretaciones erróneas de las enseñanzas islámicas. Es importante diferenciar entre tradiciones culturales y principios religiosos, ya que algunas prácticas atribuidas al Islam pueden ser en realidad culturales y no religiosas. Para abordar estos conceptos erróneos es necesario comprender a fondo las fuentes islámicas y distinguir entre normas culturales y directivas religiosas.

Aplicaciones contemporáneas: En contextos contemporáneos, los principios de los derechos de las mujeres en el Islam pueden aplicarse para abordar los desafíos actuales y promover la equidad de género. Defender los derechos de las mujeres con base en las enseñanzas islámicas implica trabajar por reformas legales, oportunidades educativas y sistemas de apoyo social que se alineen con los valores de justicia y respeto descritos en el Corán y la Sunnah.

Promoción de la equidad de género: las enseñanzas del Islam sobre los derechos de las mujeres enfatizan la justicia, el respeto y la igualdad. Promover la equidad de género implica implementar estos principios tanto en el contexto personal como en el social. Apoyar iniciativas que mejoren el acceso de las mujeres a la educación, la atención médica y las oportunidades económicas puede ayudar a hacer realidad los objetivos de la equidad de género en consonancia con los valores islámicos.

Fomentar el empoderamiento: empoderar a las mujeres implica reconocer sus derechos, apoyar su desarrollo personal y permitir su participación activa en la sociedad. Las enseñanzas del Islam alientan el empoderamiento de las mujeres proporcionándoles las herramientas y oportunidades para triunfar y contribuir positivamente a sus comunidades.

Reflexionar sobre las enseñanzas islámicas: comprender y reflexionar sobre las enseñanzas del Islam en relación con los derechos de las mujeres puede fomentar una perspectiva más precisa e informada. Interactuar con eruditos islámicos, participar en programas educativos y estudiar el Corán y los hadices puede mejorar la comprensión y la aplicación de estos principios en la vida cotidiana.

En resumen, los derechos de las mujeres en el Islam se basan en los principios de igualdad, dignidad y justicia. El Corán y la Sunnah ofrecen directrices integrales que respaldan los derechos de las mujeres a la educación, la propiedad, el matrimonio y la participación pública, al tiempo que condenan el abuso y promueven el respeto. Abordar los conceptos erróneos y aplicar estos principios en contextos contemporáneos puede ayudar a promover la equidad de género y empoderar a las mujeres de acuerdo con las enseñanzas islámicas. A través de la educación, la defensa y la aplicación práctica, los derechos y roles de las mujeres en el Islam pueden comprenderse y aceptarse más plenamente, contribuyendo a una sociedad más justa y equitativa.

Capítulo 22: Matrimonio y vida familiar

El matrimonio y la vida familiar en el Islam son componentes centrales de la fe y encarnan los principios del amor, el respeto y la responsabilidad mutua. Este capítulo explora la perspectiva islámica sobre el matrimonio y la vida familiar, destacando los derechos y responsabilidades de los cónyuges, el papel de la familia en las enseñanzas islámicas y brindando consejos prácticos para construir y mantener una vida familiar saludable y armoniosa.

El concepto de matrimonio en el Islam: En el Islam, el matrimonio se considera un contrato sagrado y un medio para satisfacer las necesidades emocionales, sociales y espirituales. Se lo considera una asociación basada en el amor mutuo, el respeto y la cooperación. El Corán describe el matrimonio como una fuente de tranquilidad y compañerismo, y afirma en la Sura Ar-Rum (30:21): "Y entre Sus signos está haberos creado cónyuges de entre vosotros mismos, para que encontréis en ellos tranquilidad".

La importancia del consentimiento: El consentimiento es un aspecto fundamental del matrimonio islámico. Ambas partes deben estar de acuerdo con el matrimonio, y el consentimiento de la novia es esencial para la validez del contrato matrimonial. El Profeta Muhammad (la paz sea con él) enfatizó la importancia del consentimiento mutuo al decir: "Una mujer puede casarse por cuatro cosas: su riqueza, su linaje, su belleza y su compromiso religioso. Elige a quien sea religioso y prosperarás" (Sahih al-Bukhari). Este hadiz subraya que el compromiso religioso y el respeto mutuo son factores clave para un matrimonio exitoso.

Derechos y responsabilidades de los cónyuges: En el Islam, tanto el marido como la mujer tienen derechos y responsabilidades específicos. El marido es considerado generalmente el proveedor y protector de la familia, mientras que la mujer es reconocida como ama de casa y compañera. El Corán ordena a los hombres que traten a sus esposas con amabilidad y respeto, y en la Sura An-Nisa (4:19) se afirma: "Vivan con ellas con bondad". De manera similar, se anima a las mujeres a apoyar y respetar a sus maridos, contribuyendo a una relación equilibrada y solidaria.

El contrato matrimonial (Nikah): El Nikah, o contrato matrimonial, es un acuerdo formal que describe los derechos y responsabilidades de ambos cónyuges. Incluye disposiciones como la Mahr (dote), que es un regalo obligatorio del esposo a la esposa. El contrato matrimonial sirve como marco legal y ético para el matrimonio, asegurando la claridad y el entendimiento mutuo.

Construir una relación sólida: Construir un matrimonio exitoso implica esfuerzos constantes para nutrir la relación. La comunicación eficaz, el respeto mutuo y los objetivos compartidos son esenciales para mantener una relación sana y armoniosa. El Profeta Muhammad (la paz sea con él) enfatizó la importancia del buen carácter y la paciencia en el matrimonio, diciendo: "Los mejores de ustedes son aquellos que son mejores con sus familias" (Tirmidhi).

La crianza de los hijos y la vida familiar: la crianza de los hijos es una responsabilidad importante en el Islam, y se hace mucho hincapié en la crianza de los hijos con buen carácter y valores. El Corán y los hadices brindan orientación sobre la crianza eficaz de los hijos, incluida la importancia de proporcionar un entorno amoroso y de apoyo. El Profeta Muhammad (la paz sea con él) alentó a los padres a educar a sus hijos, diciendo: "Enseñad a vuestros hijos buenos modales y alimentadlos con buena comida" (Ahmad).

Mantener los lazos familiares: Los lazos familiares fuertes son muy valorados en el Islam. Mantener relaciones estrechas con los miembros de la familia extendida y honrar a los padres son aspectos esenciales de la vida familiar. El Corán instruye a los creyentes a ser obedientes con sus padres y a mantener los vínculos familiares, como se ve en la Sura Al-Isra (17:23): "Y tu Señor ha decretado que no adoréis sino a Él, y que tratéis bien a vuestros padres".

Resolución de conflictos: Los conflictos y desacuerdos son naturales en cualquier relación. El Islam ofrece pautas para resolver conflictos con paciencia, justicia y consulta mutua. El Corán aconseja resolver las disputas de manera amistosa y buscar la reconciliación, y en la Sura An-Nisa (4:128) afirma: "Si una mujer teme que su marido la maltrate o la evada, no habrá falta sobre ambos si llegan a un acuerdo de paz".

Equilibrar la vida familiar y personal: equilibrar las responsabilidades familiares con los objetivos personales y profesionales es un desafío que enfrentan muchas personas. El Islam fomenta un enfoque equilibrado, haciendo hincapié en la importancia de cumplir con las obligaciones familiares mientras se busca el crecimiento personal y se contribuye a la sociedad. El Profeta Muhammad (la paz sea con él) modeló este equilibrio a través de su propia vida, mostrando dedicación tanto a su familia como a su comunidad.

Directrices islámicas sobre los roles de género: las enseñanzas islámicas describen los roles complementarios de los hombres y las mujeres dentro de la familia, haciendo hincapié en el apoyo mutuo y la cooperación. Si bien los roles tradicionales pueden influir en la dinámica familiar, el Islam aboga por la flexibilidad y la comprensión, lo que permite la adaptación de los roles en función de las circunstancias y necesidades individuales.

El papel del amor y la compasión: El amor y la compasión son fundamentales para el matrimonio islámico y la vida familiar. El Corán describe la relación entre los cónyuges como una relación de amor y misericordia, y afirma en la Sura Ar-Rum (30:21): "Y puso entre vosotros afecto y misericordia". Cultivar el amor y la compasión implica mostrar empatía, bondad y apoyo tanto en las interacciones diarias como en los acontecimientos importantes de la vida.

Apoyar los objetivos de cada uno: alentar y apoyar los objetivos personales y profesionales de cada uno es importante en un matrimonio. Los miembros de la pareja deben trabajar juntos para lograr sus aspiraciones manteniendo un entorno de apoyo y estímulo. El estímulo mutuo y los objetivos compartidos contribuyen a una relación satisfactoria y exitosa.

Cómo afrontar los desafíos externos: Los desafíos externos, como las dificultades económicas o las presiones sociales, pueden afectar la vida familiar. El Islam fomenta la resiliencia y el apoyo mutuo en tiempos difíciles. El Profeta Muhammad (la paz sea con él) brindó orientación sobre cómo enfrentar las dificultades con paciencia y confianza en Alá, demostrando cómo sortear las presiones externas manteniendo fuertes lazos familiares.

Celebración de logros y logros: Celebrar los logros y los logros, tanto personales como colectivos, fomenta un sentido de unidad y agradecimiento dentro de la familia. El Islam fomenta el reconocimiento de los logros y la expresión de gratitud, lo que contribuye a un entorno familiar positivo y de apoyo.

Buscar orientación y apoyo: Buscar la orientación de eruditos y consejeros islámicos puede ser beneficioso para abordar cuestiones complejas relacionadas con el matrimonio y la vida familiar. El asesoramiento y el apoyo profesionales pueden brindar información y soluciones valiosas, ayudando a las personas a superar los desafíos y fortalecer sus relaciones familiares.

Reflexionar sobre las enseñanzas islámicas: Reflexionar sobre las enseñanzas islámicas sobre el matrimonio y la vida familiar puede ayudar a comprender y valorar más profundamente estos principios. Estudiar el Corán, los hadices y las vidas del Profeta Muhammad (la paz sea con él) y sus compañeros puede ofrecer valiosas lecciones e inspiración para fomentar un entorno familiar afectuoso y solidario.

En resumen, el matrimonio y la vida familiar en el Islam se rigen por los principios del amor, el respeto y la responsabilidad mutua. Las enseñanzas del Corán y los hadices proporcionan un marco para construir y mantener relaciones saludables, abordar los conflictos y cumplir con las obligaciones familiares. Al aplicar estos principios y buscar orientación cuando sea necesario, las personas pueden fomentar relaciones familiares sólidas y armoniosas, contribuyendo a una vida plena y equilibrada de acuerdo con los valores islámicos.

Capítulo 23: El divorcio y la separación en el Islam

El divorcio y la separación son aspectos delicados y a menudo difíciles de la vida familiar. En el Islam, estos procesos se rigen por principios diseñados para garantizar la equidad, el respeto y la protección de los derechos de todas las partes involucradas. Este capítulo explora la perspectiva islámica sobre el divorcio y la separación, y describe las enseñanzas, los procedimientos y las pautas pertinentes para afrontar estos procesos con dignidad y compasión.

La visión islámica sobre el divorcio: El Islam reconoce el divorcio como un acto lícito pero desaprobado, pensado como último recurso cuando no es posible la reconciliación. El Corán aborda el divorcio en la Surah Al-Baqarah (2:231), al afirmar: "Y cuando divorciéis a vuestras mujeres y ellas hayan llegado al término de su embarazo, o bien conservadlas en buena conducta o bien dejadlas en libertad en buena conducta". Este versículo subraya la importancia de tratarse mutuamente con amabilidad y respeto durante todo el proceso.

Tipos de divorcio: El divorcio islámico puede ocurrir a través de varios mecanismos, entre ellos:

1. **Talaq (divorcio por parte del marido):** el marido inicia esta forma de divorcio. El proceso implica un período de espera ('iddah) durante el cual la esposa no puede volver a casarse. Este período de espera permite la reflexión, la reconciliación y garantiza que se reconozca a los posibles hijos del matrimonio.

2. **Khula (divorcio por parte de la esposa):** la esposa puede solicitar el divorcio a través de khula si no está satisfecha con el matrimonio. Este proceso requiere que la esposa devuelva la dote (mahr) o una compensación acordada al esposo. Khula permite que la esposa inicie el divorcio manteniendo su

dignidad.

3. **Acuerdo mutuo:** ambos cónyuges pueden acordar el
   divorcio por consentimiento mutuo. Este enfoque implica
   negociaciones y acuerdos sobre términos, como acuerdos
   financieros y acuerdos de custodia, para garantizar la equidad
   para ambas partes.

El proceso de divorcio: El proceso de divorcio implica varios
pasos para garantizar que se lleve a cabo de manera justa y respetuosa:

1. **Inicio del proceso de divorcio:** El marido o la mujer inician
   el proceso de divorcio según el mecanismo elegido. En el caso
   del talaq, el marido declara el divorcio en presencia de
   testigos, tras los períodos de espera prescritos.
2. **Período de espera ('iddah):** El período de espera permite la
   reconciliación y garantiza que se reconozcan los posibles
   hijos. Durante este tiempo, la esposa permanece en el hogar
   conyugal y recibe manutención y apoyo.
3. **Finalización del divorcio:** después del período de espera, si
   no se ha producido la reconciliación, se da por finalizado el
   divorcio. La pareja debe resolver las obligaciones financieras y
   la distribución de los bienes. Esta fase implica garantizar que
   se respeten todos los derechos y que ambas partes reciban un
   trato equitativo.

Derechos y responsabilidades: Las enseñanzas islámicas enfatizan
la protección de los derechos y responsabilidades durante el divorcio:

1. **Apoyo económico:** El marido está obligado a brindar apoyo
   económico durante el período de espera, lo que incluye
   manutención y alojamiento, para garantizar que la esposa no
   quede en una posición vulnerable.
2. **Custodia de los hijos:** Los acuerdos de custodia se basan en

el bienestar de los hijos. La ley islámica prioriza el interés superior de los hijos, teniendo en cuenta factores como su edad y necesidades. Ambos padres tienen derechos y responsabilidades en la crianza y el cuidado de sus hijos.

3. **Bienes y dote:** La distribución de los bienes y la dote se realiza según los principios islámicos. La esposa tiene derecho a su dote y a cualquier acuerdo económico que se haya pactado. Los bienes adquiridos durante el matrimonio se dividen generalmente según acuerdos mutuos o marcos legales.

Apoyo emocional y social: el divorcio puede ser un desafío emocional para ambas partes. El Islam fomenta la compasión y el apoyo durante este período. Buscar el apoyo de familiares, amigos y recursos comunitarios puede ayudar a las personas a superar los aspectos emocionales del divorcio y a hacer la transición a una nueva etapa de la vida.

Reconciliación y nuevo matrimonio: el Islam alienta la reconciliación como una solución preferible antes de finalizar el divorcio. El Corán destaca la importancia de dar al matrimonio todas las oportunidades posibles y buscar la mediación si es necesario. Si se produce el divorcio, se permite el nuevo matrimonio y se anima a las personas a buscar nuevas relaciones con respeto y consideración.

Abordar los conceptos erróneos: los conceptos erróneos sobre el divorcio en el Islam suelen surgir de prácticas culturales o malentendidos. Es importante distinguir entre las normas culturales y las enseñanzas islámicas. La ley islámica proporciona directrices claras para garantizar que el divorcio se lleve a cabo de manera justa y respetuosa, haciendo hincapié en la protección de los derechos de todas las partes involucradas.

Consideraciones legales y éticas: además de los principios religiosos, el divorcio puede implicar consideraciones legales y éticas, especialmente en contextos contemporáneos. Es importante buscar asesoramiento legal y asegurarse de que los procedimientos de divorcio cumplan con los requisitos legales islámicos y locales. Las consideraciones éticas incluyen mantener la integridad, la honestidad y el respeto durante todo el proceso.

Reflexión y crecimiento personal: El divorcio puede ser una oportunidad para la reflexión y el crecimiento personal. El Islam alienta a las personas a buscar la superación personal, aprender de las experiencias y mantener una actitud positiva. Reflexionar sobre las lecciones aprendidas del matrimonio y el divorcio puede contribuir al desarrollo personal y a las relaciones futuras.

Redes comunitarias y de apoyo: La participación en redes comunitarias de apoyo puede brindar una asistencia valiosa durante y después del divorcio. Las organizaciones islámicas, los servicios de asesoramiento y los grupos de apoyo pueden ofrecer orientación, recursos y apoyo emocional para ayudar a las personas a superar los desafíos del divorcio y reconstruir sus vidas.

Seguir adelante: Seguir adelante después del divorcio implica reconstruir y reorientar la propia vida. El Islam alienta a las personas a abordar esta nueva etapa con optimismo y resiliencia. Perseguir objetivos personales, centrarse en el cuidado personal y participar en actividades comunitarias puede contribuir a una vida plena y positiva después del divorcio.

En resumen, el divorcio y la separación en el Islam se rigen por los principios de justicia, respeto y compasión. El proceso implica procedimientos y pautas específicos diseñados para proteger los derechos de todas las partes y garantizar una resolución digna. Al comprender y aplicar estos principios, las personas pueden afrontar el divorcio con integridad y sentar las bases para el crecimiento y el bienestar futuros.

Capítulo 24: La crianza de los hijos en el Islam

En el Islam, la crianza de los hijos se considera una responsabilidad importante y noble, que abarca la orientación y el cuidado de los hijos de acuerdo con los valores islámicos. Este capítulo explora los principios y las prácticas de la crianza de los hijos en el Islam, destacando los derechos y las responsabilidades de los padres, la importancia de la educación y el papel de la fe en la crianza de los hijos.

El papel de los padres: En el Islam, los padres son vistos como los principales cuidadores y educadores de sus hijos. El Corán enfatiza la importancia de la crianza de los hijos, al afirmar en Surah Luqman (31:13-14): "Y [recuerda] cuando Luqman le dijo a su hijo mientras lo instruía: "¡Oh, hijo mío! No asocies a Dios. En verdad, asociar a otros con Él es una gran injusticia". Y hemos ordenado al hombre [cuidar] a sus padres. Su madre lo llevó en debilidad tras debilidad, y fue destetado a los dos años. Sé agradecido conmigo y con tus padres; a Mí está el [final] destino".

Inculcar valores islámicos: enseñar a los niños los valores y principios islámicos es un aspecto fundamental de la crianza de los hijos. Se anima a los padres a dar ejemplo e impartir valores como la honestidad, la amabilidad, la paciencia y el respeto. El Profeta Muhammad (la paz sea con él) enfatizó la importancia del buen carácter al decir: "Los mejores de ustedes son aquellos que son mejores con sus familias" (Tirmidhi). Al ejemplificar estos valores, los padres ayudan a sus hijos a desarrollar una base moral sólida.

Educación y conocimiento: La educación es muy valorada en el Islam y se anima a los padres a proporcionar a sus hijos una educación tanto religiosa como secular. El Profeta Muhammad (la paz sea con él) dijo: "Buscar el conocimiento es una obligación de todo musulmán" (Ibn Majah). Esto incluye enseñar a los niños sobre el Corán, los hadices y los principios islámicos, así como garantizar que reciban una educación integral que los prepare para diversos aspectos de la vida.

Brindar apoyo emocional: El apoyo emocional y el afecto son cruciales para un desarrollo saludable. El Profeta Muhammad (la paz sea con él) demostró afecto hacia los niños, a menudo mostrando bondad y ternura. El Corán también aconseja a los padres que sean compasivos y comprensivos, como se ve en la Sura Al-Furqan (25:74): "Y a aquellos que dicen: "Señor nuestro, concédenos de entre nuestras esposas y nuestros hijos el consuelo de nuestros ojos y haznos un ejemplo para los rectos".

Disciplina y orientación: La disciplina en el Islam tiene como objetivo ser correctiva y constructiva, más que punitiva. El Corán alienta el trato justo y equitativo, y en la Sura An-Nisa (4:36) se afirma: "Y no matéis a nadie que Dios ha prohibido, salvo en caso de que haya razón". Se aconseja a los padres que utilicen la sabiduría y la paciencia para guiar a sus hijos, empleando métodos que promuevan la comprensión y el crecimiento en lugar del miedo.

Equilibrar la autoridad y la compasión: la crianza de los hijos implica equilibrar la autoridad con la compasión. Si bien es importante establecer límites y hacer cumplir las reglas, es igualmente importante abordar la crianza con empatía y comprensión. El Profeta Muhammad (la paz sea con él) dijo: "Quien no muestra misericordia a nuestros jóvenes y no reconoce el honor que se debe a nuestros mayores no es uno de nosotros" (Abu Dawud). Este equilibrio ayuda a crear un entorno propicio donde los niños se sienten seguros y valorados.

Fomentar el buen comportamiento: fomentar el comportamiento positivo y recompensar los logros puede motivar a los niños a seguir las enseñanzas islámicas y desarrollar buenos hábitos. El Profeta Muhammad (la paz sea con él) solía elogiar y alentar a los niños por sus buenas acciones, reforzando el comportamiento positivo mediante el reconocimiento y el apoyo.

Enseñar responsabilidad y obligación de rendir cuentas: inculcar un sentido de responsabilidad y obligación de rendir cuentas es esencial para desarrollar individuos maduros y autosuficientes. Los padres deben involucrar a sus hijos en los procesos de toma de decisiones y enseñarles acerca de las consecuencias de sus acciones. El Corán afirma en la Sura Al-Ankabut (29:69): "Y a quienes se esfuerzan por Nosotros, los guiaremos por Nuestros caminos". Este versículo destaca la importancia del esfuerzo y la responsabilidad en la búsqueda de orientación y el crecimiento personal.

Mantener vínculos familiares fuertes: los vínculos familiares fuertes son vitales para el desarrollo emocional y social de un niño. El Islam enfatiza la importancia de mantener relaciones estrechas con los miembros de la familia y fomentar un entorno familiar de apoyo. El Profeta Muhammad (la paz sea con él) dijo: "Los lazos de parentesco no deben romperse, ni siquiera con una palabra de bondad" (Sahih al-Bukhari). Construir y mantener vínculos familiares fuertes ayuda a los niños a sentirse seguros y apoyados.

Promoción de la salud y el bienestar: garantizar la salud física y el bienestar de los niños es un aspecto clave de la crianza de los hijos. Esto incluye proporcionarles alimentos nutritivos, alentarlos a realizar actividad física y abordar los problemas de salud de manera oportuna. El Profeta Muhammad (la paz sea con él) alentó a llevar una vida saludable al afirmar: "Tu cuerpo tiene derecho sobre ti" (Sahih al-Bukhari). Los padres deben dar ejemplo y promover hábitos saludables para apoyar el bienestar general de sus hijos.

Guiar a los niños a través de los desafíos: Los niños enfrentarán diversos desafíos a medida que crezcan. El Islam brinda orientación sobre cómo apoyar a los niños a través de las dificultades, incluyendo mantener la paciencia, ofrecer aliento y buscar soluciones juntos. El Corán aconseja buscar la ayuda y la guía de Alá en tiempos difíciles, como se ve en Surah Al-Baqarah (2:286): "Alá no carga a un alma más allá de lo que puede soportar".

Fomentar una relación con Alá: ayudar a los niños a desarrollar una relación sólida con Alá es un aspecto central de la crianza islámica. Los padres deben enseñar a los niños la importancia de la fe, la oración y la confianza en Alá. El Profeta Muhammad (la paz sea con él) dijo: "Lo primero que deben enseñar a sus hijos es a amar a Alá" (Sahih al-Bukhari). Fomentar actos regulares de adoración e inculcar un sentido de espiritualidad ayuda a los niños a convertirse en individuos devotos y conscientes.

Fomentar la participación comunitaria: involucrar a los niños en actividades comunitarias y alentarlos a contribuir positivamente a la sociedad los ayuda a desarrollar un sentido de responsabilidad y empatía. El Profeta Muhammad (la paz sea con él) enfatizó la importancia del servicio comunitario y de ayudar a los demás, diciendo: "Las mejores personas son aquellas que son más beneficiosas para los demás" (Sahih al-Bukhari).

Cómo manejar los conflictos y la desobediencia: Para manejar los conflictos y los casos de desobediencia se necesita paciencia y una comunicación eficaz. Los padres deben abordar los problemas con calma y equidad, tratando de comprender las perspectivas de sus hijos y guiándolos hacia una conducta positiva. El Corán aconseja resolver las disputas de manera amistosa y con compasión, como se ve en la Sura An-Nisa (4:128).

Preparación para la adolescencia: preparar a los niños para la adolescencia implica brindarles orientación sobre cómo afrontar los desafíos del crecimiento manteniendo los valores islámicos. La comunicación abierta, la confianza y el apoyo son esenciales durante este período de transición. Los padres deben abordar las cuestiones relacionadas con la identidad, la presión de los compañeros y el desarrollo personal con sensibilidad y comprensión.

Reflexionar sobre las prácticas de crianza: Reflexionar sobre las propias prácticas de crianza y buscar la mejora continua es importante para una crianza eficaz. El Islam fomenta la autorreflexión y el crecimiento personal, ayudando a los padres a adaptar su enfoque para satisfacer las necesidades cambiantes de sus hijos. El Profeta Muhammad (la paz sea con él) dijo: "Los mejores de ustedes son aquellos que son mejores con sus familias" (Tirmidhi), subrayando la importancia del esfuerzo continuo y la autosuperación en la crianza de los hijos.

En resumen, la crianza de los hijos en el Islam implica un enfoque integral que abarca el amor, la orientación, la educación y el apoyo. Al adherirse a los principios islámicos y esforzarse por proporcionar un entorno propicio, los padres pueden criar a sus hijos de acuerdo con los valores y principios islámicos. Al dar ejemplo de buena conducta, fomentar una relación sólida con Alá y apoyar el desarrollo de sus hijos, los padres cumplen su papel de cuidadores y educadores, contribuyendo al bienestar y el éxito de sus familias.

Capítulo 25: Leyes islámicas sobre herencia

Las leyes islámicas sobre herencias son un aspecto fundamental de la jurisprudencia islámica, diseñadas para garantizar la justicia, la equidad y la protección de los derechos de los herederos. Estas leyes se detallan en el Corán y los hadices y proporcionan un marco estructurado para distribuir el patrimonio de una persona después de su muerte. Este capítulo explora los principios, las normas y los aspectos prácticos de las leyes islámicas sobre herencias.

La base de las leyes islámicas sobre herencia: Las leyes islámicas sobre herencia se derivan principalmente del Corán, que describe las partes específicas que corresponderán a los herederos. Estas leyes tienen como objetivo evitar disputas y garantizar que el patrimonio del difunto se distribuya de una manera que respete los derechos de todos los miembros de la familia. Los versículos coránicos sobre herencia se encuentran principalmente en la Sura An-Nisa (4:7-12, 4:176), que proporciona instrucciones claras sobre cómo deben dividirse los patrimonios.

El principio de equidad: Uno de los principios clave de la ley islámica sobre herencias es la equidad, que garantiza que cada heredero reciba una parte justa de la herencia. El Corán enfatiza la importancia de una distribución justa, como se ve en la Sura An-Nisa (4:11), que dice: "Dios os ordena lo siguiente respecto a vuestros hijos: para el varón, lo que sea igual a la parte de dos hembras". Este principio refleja un equilibrio entre las responsabilidades financieras y las contribuciones de cada heredero.

Porciones fijas para los herederos: las leyes islámicas sobre herencia asignan porciones fijas a herederos específicos, que se describen en el Corán. Estas porciones se basan en la relación del heredero con el fallecido e incluyen:

1. **Padres:** Tanto el padre como la madre del fallecido tienen cuotas fijas. La madre generalmente recibe una sexta parte de la herencia si el fallecido tiene hijos sobrevivientes, y una tercera parte si no hay hijos.

2. **Cónyuge:** Las cuotas correspondientes al cónyuge también son fijas. La esposa recibe una cuarta parte de la herencia si el fallecido tiene hijos, y una octava parte si no hay hijos. El marido recibe la mitad de la herencia si el fallecido no tiene hijos, y una cuarta parte si hay hijos.

3. **Hijos:** Los hijos y las hijas tienen partes específicas, y los hijos suelen recibir el doble de la parte que reciben las hijas. El Corán especifica estas partes para garantizar una distribución equilibrada entre los herederos masculinos y femeninos.

4. **Hermanos:** si el fallecido no tiene hijos ni padres, los hermanos pueden heredar. Los hermanos y hermanas tienen cuotas específicas según su relación con el fallecido.

5. **Abuelos y otros familiares:** Los abuelos y otros familiares también pueden tener derecho a acciones, dependiendo de la presencia de parientes más cercanos.

El papel de los legados (Wasiyyah): Además de las cuotas fijas, el fallecido puede hacer legados (wasiyyah) a personas que no sean sus herederos o para aumentar las cuotas de ciertos herederos. Sin embargo, el monto total asignado mediante legados no puede superar un tercio del patrimonio. Los legados deben realizarse de acuerdo con los principios islámicos y no deben entrar en conflicto con las cuotas fijas asignadas por las leyes de sucesiones.

Deudas y obligaciones: Antes de distribuir el patrimonio, se deben saldar las deudas y obligaciones financieras del fallecido. Las leyes islámicas sobre herencia estipulan que las deudas tienen prioridad sobre la distribución del patrimonio. Esto incluye el pago de las deudas pendientes, la liquidación de las obligaciones financieras y el cumplimiento de cualquier otro compromiso legal.

Proceso de distribución del patrimonio: La distribución del patrimonio implica varios pasos:

1. **Liquidación de deudas:** Todas las deudas y obligaciones financieras se liquidan primero, lo que garantiza que las obligaciones del fallecido se liquiden antes de cualquier distribución.

2. **Pago de Legados:** Luego de liquidadas las deudas, se dan por cumplidos los legados hechos por el difunto, siempre que no excedan de la tercera parte del patrimonio.

3. **Distribución a los herederos:** El resto de la herencia se distribuye según las cuotas fijadas en el Corán. Cada heredero recibe la parte que le corresponde según su relación con el fallecido.

4. **Solución de controversias:** pueden surgir controversias sobre herencias, especialmente en situaciones familiares complejas. Los principios islámicos alientan la resolución amistosa de las controversias, a menudo mediante la mediación o el arbitraje, de acuerdo con las enseñanzas islámicas sobre justicia y equidad.

Derechos de herencia de las mujeres: Las leyes islámicas sobre herencia otorgan a las mujeres derechos específicos, garantizando que reciban la parte que les corresponde de la herencia. Si bien la parte que les corresponde a las mujeres puede ser diferente a la de los hombres, se les garantiza una parte de la herencia. Esto refleja el principio de equidad y reconoce las responsabilidades y contribuciones financieras de ambos sexos.

Herencia y contextos modernos: En contextos contemporáneos, la aplicación de las leyes islámicas sobre herencia puede implicar consideraciones jurídicas y prácticas. Muchos países tienen marcos jurídicos que incorporan o complementan los principios islámicos de herencia. Comprender y manejar estos marcos puede ayudar a garantizar que la herencia se gestione de conformidad con las leyes islámicas y locales.

Consideraciones educativas y prácticas: educar a las personas sobre las leyes islámicas en materia de herencia es fundamental para garantizar que estos principios se apliquen correctamente. Esto incluye comprender las cuotas fijas, el papel de los legados y el proceso de distribución de los bienes. Los consejos y la orientación prácticos de los eruditos islámicos o los expertos legales pueden ayudar a las personas a abordar los asuntos de herencia de manera eficaz.

Reflexión sobre los valores islámicos: las leyes islámicas en materia de herencia reflejan valores islámicos más amplios de justicia, equidad y respeto por los derechos familiares. Al adherirse a estos principios, las personas honran el legado del difunto y defienden los estándares éticos y legales establecidos por el Islam.

El papel de los eruditos y expertos legales islámicos: Los eruditos y expertos legales islámicos desempeñan un papel crucial en la interpretación y aplicación de las leyes de sucesiones. Ofrecen orientación en casos complejos, garantizan el cumplimiento de los principios islámicos y ayudan a resolver disputas. Consultar a profesionales expertos puede garantizar que los asuntos de sucesiones se gestionen de forma correcta y justa.

En resumen, las leyes islámicas sobre herencias proporcionan un marco detallado y equitativo para distribuir el patrimonio de una persona después de su muerte. Al adherirse a los principios delineados en el Corán y los hadices y abordar consideraciones prácticas, las personas pueden asegurarse de que la herencia se gestione de una manera que respete los derechos de todos los herederos y defienda los valores islámicos. Comprender estas leyes y buscar orientación cuando sea necesario puede contribuir a una resolución justa y equitativa de los asuntos sucesorios.

Capítulo 26: Adaptación a una nueva identidad cultural

Adaptarse a una nueva identidad cultural puede ser una de las experiencias más profundas y transformadoras para las personas que se convierten al Islam. Adoptar una nueva fe a menudo implica no solo familiarizarse con las enseñanzas religiosas, sino también con las prácticas y normas culturales asociadas. Este capítulo explora el proceso de adaptación a una nueva identidad cultural, abordando los desafíos, las oportunidades y las estrategias para integrar los valores islámicos en la vida de una persona, manteniendo al mismo tiempo la autenticidad personal.

Aceptar el cambio y la transición: Convertirse al Islam es un cambio de vida significativo que a menudo requiere un período de adaptación. Esta transición implica más que adoptar nuevas prácticas religiosas; abarca un cambio de identidad cultural que puede afectar varios aspectos de la vida diaria. Aceptar este cambio con una mente y un corazón abiertos es crucial para una transición sin problemas. Es importante reconocer y respetar el proceso de cambio, entendiendo que implica tanto el crecimiento personal como la adaptación a nuevas normas culturales.

Comprensión de las prácticas culturales islámicas: cada comunidad musulmana puede tener sus propias prácticas y tradiciones culturales que reflejan la diversidad dentro del mundo islámico. Comprender y respetar estas prácticas puede ayudar a los nuevos musulmanes a integrarse más eficazmente en sus comunidades. Es beneficioso abordar estas prácticas con curiosidad y apertura, tratando de aprender y apreciar el rico tapiz cultural que abarca el Islam.

Equilibrar la identidad personal y las nuevas normas culturales: uno de los principales desafíos a la hora de adaptarse a una nueva identidad cultural es lograr un equilibrio entre la identidad personal y las nuevas normas culturales. Es importante integrar los valores islámicos en la vida de cada uno sin dejar de ser fiel a las creencias y preferencias individuales. Este equilibrio requiere una reflexión profunda sobre cómo se alinean las nuevas prácticas culturales con los valores personales y cómo se pueden incorporar de una manera que resulte auténtica.

Establecer relaciones de apoyo: establecer vínculos con personas y comunidades que brinden apoyo puede facilitar significativamente la transición a una nueva identidad cultural. Relacionarse con las comunidades musulmanas locales, asistir a eventos religiosos y buscar la orientación de musulmanes con más experiencia puede brindar orientación y apoyo valiosos. Establecer relaciones con otras personas que hayan pasado por transiciones similares puede ofrecer consejos prácticos y apoyo emocional durante el proceso de adaptación.

Cómo afrontar las diferencias culturales: Para un nuevo musulmán, afrontar las diferencias culturales puede ser un desafío, especialmente si uno proviene de un contexto cultural diferente. Es importante abordar estas diferencias con respeto y apertura, reconociendo que las enseñanzas islámicas son universales, pero las expresiones culturales de la fe pueden variar. Aceptar la diversidad dentro de la comunidad musulmana y buscar puntos en común puede fomentar un sentido de pertenencia y comprensión.

Adaptación a las nuevas normas sociales: la adaptación a las nuevas normas sociales es un aspecto importante de la adopción de una nueva identidad cultural. Esto puede implicar cambios en el comportamiento social, los estilos de comunicación y las interacciones con los demás. Comprender y adaptarse a estas normas sociales puede mejorar la integración y ayudar a evitar malentendidos. Es útil observar y aprender de las conductas de los demás en la comunidad sin dejar de ser fieles a los propios valores.

Mantener las relaciones con familiares y amigos: Para muchos musulmanes nuevos, mantener las relaciones con familiares y amigos de su entorno cultural anterior es un aspecto importante de la vida. Comunicarse abiertamente y con respeto acerca de la nueva fe y las prácticas puede ayudar a superar las diferencias y fomentar el entendimiento. Es esencial abordar estas conversaciones con sensibilidad y paciencia, reconociendo que los cambios en la vida de uno pueden llevar tiempo hasta que los demás los acepten.

Integrar las prácticas islámicas en la vida diaria: integrar las prácticas islámicas en la vida diaria implica adoptar nuevas rutinas y hábitos que se ajusten a las enseñanzas islámicas. Esto incluye observar las oraciones diarias, practicar el ayuno durante el Ramadán y participar en actividades benéficas. Incorporar gradualmente estas prácticas en la vida diaria puede ayudar a crear una sensación de normalidad y hacer que la transición a una nueva identidad cultural sea más fluida.

Manejo de expectativas personales: Adaptarse a una nueva identidad cultural implica manejar expectativas personales y establecer metas realistas. Es importante reconocer que el proceso de transición lleva tiempo y que es normal experimentar desafíos a lo largo del camino. Ser paciente con uno mismo y establecer metas alcanzables puede ayudar a atravesar este período de adaptación con mayor facilidad y confianza.

Aceptar el crecimiento personal: El proceso de adaptación a una nueva identidad cultural también puede ser un viaje de crecimiento personal y autodescubrimiento. Aceptar nuevas prácticas y valores culturales puede llevar a una comprensión más profunda de uno mismo y a una mayor apreciación de la diversidad de experiencias humanas. Este período de adaptación puede ofrecer oportunidades de aprendizaje, reflexión y desarrollo espiritual.

Búsqueda de conocimiento y orientación: el aprendizaje continuo y la búsqueda de conocimiento son esenciales para adaptarse a una nueva identidad cultural. El estudio de las enseñanzas islámicas, la asistencia a clases de religión y la búsqueda de orientación de personas con conocimientos pueden ayudar a profundizar la comprensión de la fe y sus expresiones culturales. Esta búsqueda constante de conocimiento puede brindar claridad y apoyo durante el proceso de transición.

Celebrar la integración cultural: adoptar una nueva identidad cultural implica celebrar los aspectos positivos de la integración y reconocer el crecimiento que conlleva. Reconocer y valorar las contribuciones de las diferentes prácticas culturales puede mejorar la experiencia de fe y crear un sentido de pertenencia a la comunidad. Celebrar los hitos y logros de este recorrido puede fomentar una perspectiva positiva y fortalecer la conexión con la nueva identidad cultural.

Equilibrar la tradición y la modernidad: Al adaptarse a una nueva identidad cultural, es importante encontrar un equilibrio entre las prácticas tradicionales y la vida moderna. Este equilibrio implica integrar los valores islámicos tradicionales con las opciones de estilo de vida contemporáneo de una manera que respete ambas. Ser consciente de cómo mantener este equilibrio puede ayudar a crear una integración armoniosa de la fe y la vida cotidiana.

Afrontar los desafíos con resiliencia: El proceso de adaptación a una nueva identidad cultural puede presentar diversos desafíos, como malentendidos culturales, presiones sociales y dudas personales. Es fundamental afrontar estos desafíos con resiliencia y una actitud positiva. Buscar el apoyo de la comunidad, participar en actividades de autocuidado y mantener la fe en el proceso puede ayudar a superar los obstáculos y facilitar una transición más fluida.

En resumen, adaptarse a una nueva identidad cultural implica aceptar el cambio, equilibrar la identidad personal con las nuevas normas culturales e integrar los valores islámicos en la vida diaria. Al construir relaciones de apoyo, afrontar las diferencias culturales y gestionar las expectativas personales, las personas pueden hacer la transición a su nueva identidad cultural con confianza y autenticidad. El proceso de adaptación a una nueva identidad cultural es una oportunidad para el crecimiento personal, una comprensión más profunda y una mayor conexión con la propia fe y la comunidad.

Capítulo 27: Navegando por las celebraciones y días festivos

Para afrontar las celebraciones y festividades como nuevo musulmán es necesario comprender el significado de las festividades islámicas, integrarlas en la vida de uno y equilibrarlas con las tradiciones culturales y familiares. Este capítulo explora cómo abordar las celebraciones islámicas, gestionar las interacciones con las festividades no musulmanas y mantener una combinación armoniosa de prácticas personales y comunitarias.

Entender las celebraciones islámicas: Las celebraciones islámicas, como el Eid al-Fitr y el Eid al-Adha, tienen un profundo significado religioso y están marcadas por prácticas y tradiciones específicas. El Eid al-Fitr, que sigue al mes de Ramadán, es una ocasión alegre que celebra el fin del ayuno. El Eid al-Adha, que se celebra durante la peregrinación del Hajj, conmemora la voluntad del Profeta Ibrahim (Abraham) de sacrificar a su hijo en obediencia a Alá. Entender el significado religioso de estos Eids ayuda a los nuevos musulmanes a apreciar su importancia y a participar en las celebraciones de manera significativa.

Celebración del Eid al-Fitr: El Eid al-Fitr es una celebración de gratitud y alegría después del mes de ayuno. Comienza con una oración especial que se realiza en una mezquita o en un lugar de oración designado, seguida de un sermón. El día se suele pasar visitando a amigos y familiares, compartiendo comidas y dando regalos. Los nuevos musulmanes pueden participar en estas tradiciones preparándose para el Eid con una reflexión personal, vistiendo ropa nueva y preparando o contribuyendo a las comidas festivas. Participar en oraciones comunitarias y dar el Zakat al-Fitr, una donación caritativa, mejora aún más la experiencia del Eid.

Celebración del Eid al-Adha: El Eid al-Adha implica el sacrificio de un animal, generalmente una oveja, una cabra, una vaca o un camello, en recuerdo de la devoción del profeta Ibrahim. La carne se distribuye entre familiares, amigos y personas necesitadas. Los nuevos musulmanes pueden participar en el sacrificio o contribuir a él de otras maneras, como por ejemplo organizando que se lleve a cabo en su nombre. El día suele incluir oraciones, compartir comidas festivas y pasar tiempo con los seres queridos. La participación en estas prácticas ayuda a reforzar la importancia del sacrificio y la generosidad en el Islam.

Cómo mantener el equilibrio con las festividades no musulmanas: afrontar las festividades no musulmanas, especialmente si se celebran en el seno de la familia o la comunidad, requiere sensibilidad y equilibrio. Si bien las enseñanzas islámicas no obligan a participar en festividades no musulmanas, es importante mantener relaciones respetuosas con la familia y los amigos. Esto puede implicar encontrar un compromiso, como participar en los aspectos seculares de las celebraciones sin comprometer los valores islámicos, o simplemente expresar buenos deseos a quienes están celebrando.

Mantener las tradiciones familiares: Para los nuevos musulmanes que tienen familiares que celebran festividades no musulmanas, es importante mantener las tradiciones familiares y respetar los principios islámicos. Esto puede significar participar en reuniones familiares de una manera que esté en consonancia con la propia fe u ofrecerse a organizar celebraciones alternativas que reflejen los valores islámicos. La comunicación abierta con los miembros de la familia sobre las nuevas creencias y prácticas puede ayudar a encontrar puntos en común y fomentar el entendimiento mutuo.

Cómo afrontar las expectativas culturales: en algunas culturas, las celebraciones y los días festivos conllevan expectativas y prácticas específicas. Los nuevos musulmanes pueden tener que adaptarse a estas normas culturales mientras integran sus creencias islámicas. Para equilibrar las expectativas culturales con los principios islámicos es necesario establecer límites claros y estar abierto a encontrar formas de participar de una manera coherente con la propia fe. Este enfoque ayuda a mantener las conexiones culturales y, al mismo tiempo, respetar los compromisos religiosos.

Creación de nuevas tradiciones: adoptar una nueva identidad cultural puede implicar la creación de nuevas tradiciones que reflejen tanto los valores islámicos como las preferencias personales. Esto puede incluir la organización de reuniones con temas islámicos, la celebración de los logros de los miembros de la familia o el desarrollo de prácticas únicas que honren las enseñanzas islámicas y, al mismo tiempo, le añadan un toque personal. La creación de nuevas tradiciones ayuda a establecer un sentido de pertenencia y a reforzar la propia identidad islámica.

Involucrar a los niños en las celebraciones: Para los nuevos padres musulmanes, involucrar a los niños en las celebraciones islámicas es fundamental para inculcarles un sentido de identidad y pertenencia religiosa. Enseñarles a los niños la importancia del Eid, involucrarlos en las actividades preparatorias y alentarlos a participar en eventos comunitarios fomenta una asociación positiva con las celebraciones islámicas. Esta participación ayuda a los niños a comprender y apreciar los aspectos culturales y religiosos de su fe.

Manejo de expectativas y ajustes: Adaptarse a un nuevo conjunto de celebraciones y días festivos implica manejar las expectativas y ser flexible. Es importante reconocer que puede llevar tiempo integrarse por completo a las nuevas tradiciones y prácticas. Ser paciente con uno mismo y con los demás durante este período de transición puede ayudar a sortear las complejidades de la adaptación a un nuevo calendario cultural y religioso.

Búsqueda de apoyo comunitario: la interacción con la comunidad musulmana brinda un apoyo valioso durante las celebraciones y los días festivos. Los eventos, reuniones y actividades de la comunidad ofrecen oportunidades para conectarse con otras personas, compartir experiencias y participar en celebraciones colectivas. Buscar orientación de organizaciones islámicas locales o líderes comunitarios puede brindar consejos prácticos y apoyo para afrontar las festividades islámicas y no islámicas.

Respeto de las distintas prácticas: dentro de la comunidad musulmana, las prácticas y tradiciones relacionadas con las celebraciones pueden variar en función de las diferencias culturales y regionales. Respetar esta diversidad y, al mismo tiempo, adherirse a los principios básicos del Islam ayuda a fomentar un sentido de unidad e inclusión. Comprender y apreciar las distintas formas en que los musulmanes celebran puede mejorar la propia experiencia y contribuir a un sentido más amplio de comunidad.

Equilibrar la participación personal y comunitaria: encontrar un equilibrio entre las celebraciones personales y la participación comunitaria es fundamental para vivir una experiencia satisfactoria. Participar en eventos comunitarios y contribuir a las celebraciones colectivas enriquece la comprensión de las tradiciones islámicas y fortalece los vínculos con otros musulmanes. Al mismo tiempo, mantener las prácticas y tradiciones personales ayuda a preservar la identidad individual y la conexión personal con la fe.

En resumen, para afrontar las celebraciones y días festivos como nuevo musulmán es necesario comprender las festividades islámicas, equilibrar las prácticas personales y culturales y participar respetuosamente tanto de las festividades islámicas como de las no islámicas. Al adoptar las celebraciones islámicas, mantener las tradiciones familiares y crear nuevas prácticas, los nuevos musulmanes pueden integrar su fe en sus vidas, honrar su herencia cultural y fomentar relaciones positivas con los demás.

Capítulo 28: Integración en la comunidad musulmana

Integrarse en la comunidad musulmana es un aspecto fundamental de la adopción de una nueva fe. Implica establecer vínculos, participar en actividades comunitarias y establecer un sentido de pertenencia a la comunidad. En este capítulo se analizan estrategias para integrarse eficazmente en la comunidad musulmana, como establecer relaciones, participar en actividades comunitarias y superar posibles desafíos.

Comprender la dinámica de la comunidad: la comunidad musulmana es diversa y está compuesta por personas de diversos orígenes culturales, étnicos y socioeconómicos. Comprender esta diversidad es esencial para una integración eficaz. Cada comunidad puede tener sus propias prácticas, tradiciones y dinámicas sociales. Observar y aprender sobre estas dinámicas puede ayudar a los nuevos musulmanes a integrarse sin problemas y a construir relaciones respetuosas.

Establecer relaciones significativas: Establecer relaciones significativas dentro de la comunidad musulmana es crucial para la integración. Esto implica interactuar con otros musulmanes en diversos entornos, como mezquitas, centros comunitarios y eventos sociales. Presentarse y participar en conversaciones puede ayudar a crear conexiones. Es importante abordar las interacciones con apertura y respeto, reconociendo la diversidad dentro de la comunidad y buscando puntos en común.

Participación en actividades comunitarias: la participación activa en actividades comunitarias es una forma eficaz de integrarse y contribuir a la comunidad. Esto puede incluir asistir a las oraciones de la mezquita, unirse a círculos de estudio, participar en eventos benéficos y ofrecerse como voluntario para proyectos comunitarios. Participar en estas actividades no solo fortalece la conexión con la comunidad, sino que también brinda oportunidades de contribuir de manera positiva y desarrollar un sentido de pertenencia.

Búsqueda de orientación y apoyo: la integración en una nueva comunidad puede presentar desafíos, y buscar la orientación de musulmanes con más experiencia puede ser beneficioso. Los mentores o líderes comunitarios pueden brindar valiosos consejos, apoyo y conocimientos sobre las prácticas comunitarias. Establecer relaciones con estas personas puede ofrecer orientación para desenvolverse en la comunidad y abordar cualquier inquietud o pregunta que pueda surgir.

Respeto de las costumbres y tradiciones locales: cada comunidad musulmana puede tener sus propias costumbres y tradiciones. Respetar y adaptarse a estas prácticas locales es importante para una integración armoniosa. Esto incluye comprender los matices culturales de los eventos comunitarios, las normas sociales y las observancias religiosas. Estar atento y respetuoso con estas prácticas ayuda a fomentar relaciones positivas y demostrar la voluntad de ser parte de la comunidad.

Superar las barreras lingüísticas: En algunas comunidades, el idioma puede ser una barrera para la integración. Aprender frases básicas en el idioma local y participar en conversaciones puede facilitar la comunicación y ayudar a superar las brechas. Muchas comunidades también ofrecen clases de idioma o apoyo para los nuevos musulmanes, lo que puede ayudar a superar las barreras lingüísticas y mejorar la participación en las actividades comunitarias.

Cómo afrontar las diferencias culturales: si bien el Islam ofrece un marco universal, las prácticas culturales pueden variar ampliamente. Para afrontar estas diferencias se necesita sensibilidad y apertura. Comprender que las expresiones culturales de la fe pueden diferir no socava los principios básicos del Islam. Aceptar esta diversidad y aprender a apreciar las distintas prácticas culturales dentro de la comunidad musulmana puede enriquecer la experiencia y contribuir a un entorno más inclusivo.

Participación en eventos sociales y familiares: Participar en eventos sociales y familiares dentro de la comunidad musulmana puede ayudar a fortalecer los vínculos y a integrarse más profundamente. Celebrar las fiestas islámicas, asistir a reuniones familiares y participar en comidas comunitarias brindan oportunidades de interacción y conexión. Estos eventos también ofrecen la oportunidad de aprender y relacionarse con diferentes aspectos de la cultura y la tradición islámicas.

Mantener la fe y la identidad personal: al integrarse a la comunidad musulmana, es importante mantener la fe y la identidad personal. Equilibrar las creencias personales con las prácticas comunitarias ayuda a garantizar que la integración siga siendo auténtica y respetuosa. Este equilibrio permite a los nuevos musulmanes contribuir a la comunidad y al mismo tiempo mantenerse fieles a su propio camino espiritual.

Cómo afrontar los retos y los malentendidos: La integración puede traer consigo retos, como malentendidos o sentirse fuera de lugar. Es esencial afrontar estos retos con paciencia y resiliencia. La comunicación abierta, la búsqueda de aclaraciones y el mantenimiento de una actitud positiva pueden ayudar a resolver los problemas y facilitar una integración más fluida. La participación en recursos de apoyo comunitario, como servicios de asesoramiento o mediación, también puede proporcionar ayuda para superar las dificultades.

Fomentar el sentido de pertenencia: Desarrollar un sentido de pertenencia implica sentirse conectado y valorado dentro de la comunidad. Participar activamente en actividades comunitarias, entablar amistades y contribuir a proyectos comunitarios puede fomentar este sentido de pertenencia. También es importante reconocer y celebrar las contribuciones que uno hace a la comunidad, ya que esto refuerza un ambiente positivo e inclusivo.

Aceptar la diversidad de la comunidad: la diversidad dentro de la comunidad musulmana ofrece grandes oportunidades de aprendizaje y crecimiento. Aceptar esta diversidad e interactuar con personas de diferentes orígenes puede ampliar la perspectiva y mejorar la experiencia de integración. Comprender y apreciar las distintas experiencias culturales y personales dentro de la comunidad puede generar un entorno más inclusivo y solidario.

Apoyo al desarrollo comunitario: Contribuir al desarrollo y crecimiento de la comunidad musulmana es un aspecto importante de la integración. Esto puede implicar participar o liderar iniciativas comunitarias, apoyar proyectos locales y promover cambios positivos. Al participar activamente en iniciativas de desarrollo comunitario, los nuevos musulmanes pueden desempeñar un papel importante en la creación de una comunidad vibrante y próspera.

Encontrar un equilibrio: equilibrar la participación comunitaria con los compromisos personales es esencial para mantener el bienestar y evitar el agotamiento. Es importante establecer metas realistas para la participación comunitaria y asegurarse de que la participación se ajuste a las necesidades personales y familiares. Encontrar este equilibrio ayuda a mantener una experiencia positiva de integración mientras se gestionan otros aspectos de la vida.

En resumen, la integración en la comunidad musulmana implica construir relaciones, participar en actividades comunitarias y desenvolverse en dinámicas culturales. Al participar activamente, buscar apoyo y respetar las prácticas locales, los nuevos musulmanes pueden crear conexiones significativas y contribuir positivamente a su comunidad. Aceptar la diversidad dentro de la comunidad y equilibrar los compromisos personales y comunitarios enriquece aún más la experiencia de la integración y fomenta un sentido de pertenencia.

Capítulo 29: Independencia financiera y trabajo

Lograr la independencia financiera y desenvolverse en el mundo laboral son aspectos cruciales del desarrollo y la estabilidad personal, especialmente para los nuevos musulmanes que se adaptan a su nueva fe y estilo de vida. Este capítulo explora cómo los nuevos musulmanes pueden administrar sus finanzas, buscar un empleo digno y equilibrar su vida profesional con sus compromisos religiosos.

Entender la independencia financiera: La independencia financiera se refiere a tener suficientes recursos financieros para satisfacer las necesidades sin depender de apoyo externo. Para los nuevos musulmanes, lograr la independencia financiera implica comprender los principios islámicos relacionados con la riqueza, garantizar que las prácticas financieras se ajusten a la ética islámica y desarrollar estrategias para lograr la estabilidad financiera a largo plazo.

Principios islámicos de las finanzas: Los principios islámicos de las finanzas se basan en la equidad, la transparencia y la prohibición de ciertas prácticas como el interés (riba), el juego (maysir) y la incertidumbre excesiva (gharar). La adhesión a estos principios garantiza que las transacciones financieras se ajusten a las enseñanzas islámicas. Los nuevos musulmanes deben familiarizarse con estos principios para tomar decisiones financieras informadas y buscar servicios financieros que cumplan con la ley islámica.

Presupuesto y planificación financiera: Un presupuesto y una planificación financiera eficaces son esenciales para gestionar las finanzas personales y lograr la independencia financiera. La creación de un presupuesto implica hacer un seguimiento de los ingresos, los gastos y los ahorros para garantizar que los recursos financieros se utilicen de forma inteligente. Los nuevos musulmanes pueden beneficiarse de establecer objetivos financieros, desarrollar un plan de ahorro y tomar decisiones informadas sobre inversiones y gastos.

Gestión de la deuda: la gestión de la deuda es un aspecto fundamental de la independencia financiera. El Islam fomenta la evitación del endeudamiento excesivo y la gestión responsable de la deuda existente. Los nuevos musulmanes deben esforzarse por saldar las deudas pendientes con prontitud y evitar endeudarse de nuevo porque esto podría generar dificultades económicas. Si la deuda es inevitable, buscar servicios de consolidación de deuda o asesoramiento puede ayudar a gestionar el pago de manera más eficaz.

Invertir de acuerdo con la ley islámica: invertir de manera inteligente es un componente clave para lograr la independencia financiera. Las finanzas islámicas ofrecen diversas oportunidades de inversión que cumplen con los principios de la sharia, como acciones halal, bienes raíces y fondos mutuos islámicos. Los nuevos musulmanes deben investigar y elegir opciones de inversión que se alineen con los valores islámicos, asegurándose de evitar inversiones en industrias o prácticas prohibidas.

Encontrar un empleo que tenga sentido: conseguir un empleo que se ajuste a los valores islámicos y a los intereses personales es importante tanto para la estabilidad financiera como para la realización personal. Los nuevos musulmanes deben buscar oportunidades laborales que ofrezcan entornos de trabajo éticos, una remuneración justa y respeto por las prácticas religiosas. También es importante asegurarse de que la naturaleza del trabajo y las políticas de la empresa sean compatibles con los principios islámicos.

Equilibrar el trabajo y los compromisos religiosos: equilibrar las responsabilidades laborales con las obligaciones religiosas es esencial para mantener el bienestar espiritual y profesional. Los nuevos musulmanes deben comunicar a sus empleadores sus necesidades religiosas, como los horarios de oración y la observancia del Ramadán. Muchos lugares de trabajo ofrecen acuerdos flexibles o adaptaciones para las prácticas religiosas, y el diálogo abierto puede ayudar a encontrar un equilibrio que favorezca tanto el trabajo como la fe.

Creación de redes y desarrollo profesional: la creación de redes profesionales y la búsqueda de un desarrollo profesional continuo pueden mejorar las oportunidades profesionales y la estabilidad financiera. Los nuevos musulmanes deben participar en actividades de creación de redes, asistir a eventos del sector y buscar la orientación de profesionales con experiencia. Invertir en el desarrollo de habilidades y la educación puede abrir las puertas a nuevas oportunidades profesionales y ayudar a alcanzar objetivos financieros a largo plazo.

Emprendimiento y trabajo por cuenta propia: El emprendimiento ofrece una vía alternativa hacia la independencia financiera para quienes estén interesados en iniciar su propio negocio. El Islam fomenta el emprendimiento como un medio de autosuficiencia y contribución a la comunidad. Los nuevos musulmanes interesados en el emprendimiento deben desarrollar un plan de negocios sólido, buscar mentores y asegurarse de que sus prácticas comerciales se ajusten a la ética islámica.

Consideraciones éticas en el lugar de trabajo: Para afrontar los dilemas éticos en el lugar de trabajo es necesario respetar los valores islámicos de honestidad, integridad y equidad. Los nuevos musulmanes deben respetar estos principios en su conducta profesional, evitar prácticas poco éticas y procurar crear un entorno de trabajo positivo y respetuoso. Abordar cualquier inquietud ética con transparencia y profesionalismo es esencial para mantener la confianza y la credibilidad.

Cómo afrontar los retos financieros: Los retos financieros, como los gastos inesperados o las crisis económicas, pueden afectar la estabilidad financiera. Los nuevos musulmanes deben prepararse para estos retos creando un fondo de emergencia, reduciendo los gastos no esenciales y buscando asesoramiento financiero cuando sea necesario. Desarrollar resiliencia y adaptabilidad frente a las dificultades financieras puede ayudar a gestionar y superar estos retos de manera eficaz.

Perspectivas islámicas sobre la riqueza y la caridad: El Islam considera la riqueza como un encargo de Alá y enfatiza la importancia de utilizarla para el bien. Incorporar las donaciones caritativas (zakat) y los actos de bondad en la planificación financiera refuerza los valores islámicos y contribuye al bienestar de la comunidad. Los nuevos musulmanes deben destinar una parte de sus ingresos a fines caritativos y buscar oportunidades para apoyar causas que se alineen con sus valores.

Planificación de la jubilación: La planificación de la jubilación es un aspecto importante de la independencia financiera. Los nuevos musulmanes deben considerar opciones de ahorro para la jubilación que cumplan con los principios islámicos, como las cuentas de jubilación que cumplen con la Sharia. Desarrollar un plan de jubilación implica establecer objetivos financieros a largo plazo, invertir sabiamente y garantizar que los ahorros para la jubilación se administren de acuerdo con las enseñanzas islámicas.

Educación y alfabetización financiera: Mejorar la alfabetización financiera es fundamental para tomar decisiones financieras informadas. Los nuevos musulmanes pueden beneficiarse de recursos educativos, talleres de planificación financiera y consultas con asesores financieros que entienden las finanzas islámicas. Adquirir conocimientos sobre gestión financiera, estrategias de inversión y finanzas personales puede ayudar a los nuevos musulmanes a tomar decisiones financieras acertadas.

Consideraciones legales e impositivas: Para una gestión financiera eficaz es importante comprender las consideraciones legales e impositivas relacionadas con las finanzas. Los nuevos musulmanes deben conocer sus derechos y obligaciones en materia de impuestos, leyes de herencia y contratos legales. Buscar el asesoramiento de profesionales legales e impositivos que conozcan las finanzas islámicas puede ayudar a abordar estas consideraciones de manera eficaz.

En resumen, lograr la independencia financiera y desenvolverse en el mundo laboral implica comprender los principios islámicos, elaborar presupuestos de manera eficaz, gestionar la deuda y tener en cuenta consideraciones éticas. Al equilibrar el trabajo y los compromisos religiosos, buscar un empleo digno y seguir una educación financiera, los nuevos musulmanes pueden construir un futuro financiero estable y satisfactorio, al tiempo que se adhieren a su fe. Adoptar el espíritu emprendedor, gestionar los desafíos financieros e incorporar la donación caritativa mejoran aún más la independencia financiera y contribuyen al bienestar personal y comunitario.

Capítulo 30: Cómo afrontar las críticas y la hostilidad

Lidiar con las críticas y la hostilidad puede ser especialmente difícil para los nuevos musulmanes, que se adentran en su nueva fe y se enfrentan a posibles malentendidos y oposición de diversas fuentes. Este capítulo explora estrategias para gestionar las críticas y la hostilidad, mantener la resiliencia y fomentar interacciones positivas.

Comprender el origen de las críticas: las críticas y la hostilidad hacia los nuevos musulmanes pueden tener diversas causas, como malentendidos, ignorancia o prejuicios sobre el Islam. Comprender las causas profundas de esas críticas puede ayudar a abordarlas de manera más eficaz. A menudo, las críticas se basan en conceptos erróneos o en la falta de conocimientos, que pueden aliviarse mediante la educación y el diálogo abierto.

Mantener la compostura y la paciencia: Para hacer frente a las críticas o a la hostilidad es necesario mantener la compostura y la paciencia. Responder a la negatividad con calma y dignidad es un buen reflejo del carácter de uno y refuerza los principios del Islam. La paciencia ante la adversidad es una cualidad valorada en el Islam, y manejar las críticas con elegancia puede ayudar a calmar las situaciones tensas y promover la comprensión.

Entablar un diálogo constructivo puede ayudar a resolver los malentendidos y contrarrestar la hostilidad. Cuando se enfrente a una crítica, trate de responder con explicaciones claras y respetuosas y de brindar información precisa sobre el Islam. Las conversaciones abiertas y honestas pueden disipar mitos y construir puentes de entendimiento. Es importante escuchar activamente y abordar las preocupaciones sin ponerse a la defensiva.

Educar a los demás sobre el Islam: la educación es una herramienta poderosa para combatir las críticas y la hostilidad.

Compartir información precisa sobre las creencias, prácticas y valores islámicos puede ayudar a contrarrestar los estereotipos y la desinformación. Participar en programas de extensión comunitaria, asistir a diálogos interreligiosos y proporcionar recursos educativos puede contribuir a una comprensión más informada y respetuosa del Islam.

Buscar el apoyo de la comunidad musulmana: El apoyo de otros musulmanes puede brindar fortaleza y aliento a la hora de afrontar las críticas y la hostilidad. Conectarse con una comunidad que brinda apoyo ofrece apoyo emocional, consejos prácticos y un sentido de solidaridad. Relacionarse con líderes o mentores de la comunidad también puede brindar orientación sobre cómo manejar situaciones específicas y mantener la resiliencia.

Establecer límites y proteger el bienestar personal: es importante establecer límites cuando se enfrenta a críticas persistentes o agresivas. Proteger el bienestar personal implica reconocer cuándo es necesario desvincularse de interacciones improductivas o dañinas. Priorizar la salud mental y emocional es crucial, y buscar apoyo o asesoramiento profesional puede ayudar a controlar el estrés y mantener la resiliencia.

Responder con acciones positivas: Demostrar los valores del Islam mediante acciones positivas puede contrarrestar las críticas y la hostilidad. Participar en actos de bondad, caridad y servicio comunitario ejemplifica las enseñanzas islámicas y puede influir positivamente en los demás. Al encarnar los principios de compasión e integridad, los nuevos musulmanes pueden desafiar los conceptos erróneos y fomentar una percepción más favorable del Islam.

Cómo manejar la hostilidad en espacios públicos: Cuando se enfrenta a situaciones hostiles en espacios públicos, como el lugar de trabajo o el transporte público, es importante mantener la calma y abordar la situación con calma. Informar a las autoridades competentes sobre incidentes de hostilidad o discriminación o buscar el apoyo de grupos de apoyo puede ayudar a abordar y resolver estos problemas. Comprender los propios derechos y las protecciones legales es esencial para manejar la hostilidad de manera eficaz.

Desarrollar la resiliencia y el autocuidado: desarrollar la resiliencia frente a las críticas y la hostilidad implica desarrollar estrategias de afrontamiento y practicar el autocuidado. Participar en actividades que promuevan la relajación, la reflexión y el crecimiento personal puede ayudar a controlar el estrés y mantener una actitud positiva. La oración y la meditación habituales y la conexión con personas que brindan apoyo también pueden contribuir al bienestar emocional.

Fomento del entendimiento interreligioso: la participación en iniciativas y diálogos interreligiosos puede fomentar el entendimiento y el respeto mutuos. Al interactuar con personas de diferentes confesiones, los nuevos musulmanes pueden contribuir a salvar las distancias y abordar conceptos erróneos. Los esfuerzos de colaboración para promover el diálogo interreligioso pueden crear un entorno más inclusivo y respetuoso.

Cómo afrontar las críticas internalizadas: las críticas internalizadas, o las dudas sobre uno mismo que surgen de las críticas externas, pueden afectar la confianza y el bienestar. Es importante reconocer y afrontar estos sentimientos reafirmando la propia fe y buscando el apoyo de personas de confianza. Recordar los aspectos positivos del Islam y la propia trayectoria personal puede ayudar a superar las dudas sobre uno mismo.

Equilibrar la confianza y la humildad: equilibrar la confianza en las propias creencias con la humildad es fundamental para abordar las críticas de manera eficaz. Si bien es importante mantenerse firme en la fe y los valores propios, abordar las críticas con humildad y franqueza puede conducir a conversaciones más productivas y al respeto mutuo. Lograr este equilibrio ayuda a mantener la integridad y, al mismo tiempo, fomenta interacciones positivas.

Aprender de la crítica constructiva: no todas las críticas son hostiles; algunas pueden ser constructivas y ofrecer ideas valiosas. Diferenciar entre crítica hostil y constructiva puede ayudar a utilizar la retroalimentación para mejorar la comprensión o la práctica. Aceptar la crítica constructiva con una mente abierta puede conducir al crecimiento personal y a mejores respuestas a los desafíos futuros.

Aprovechar las experiencias positivas: reflexionar sobre las experiencias e interacciones positivas puede brindar aliento y motivación. Compartir historias de encuentros positivos, diálogos exitosos y relaciones de apoyo puede reforzar el sentido de pertenencia y propósito de la persona. Celebrar estas experiencias también puede servir como recordatorio del impacto positivo de la propia fe.

Promover el respeto y la tolerancia: Promover el respeto y la tolerancia dentro de la propia comunidad y fuera de ella puede ayudar a crear un entorno más comprensivo e inclusivo. Promover el diálogo respetuoso, desafiar las conductas discriminatorias y apoyar políticas que protejan las libertades religiosas contribuye a una sociedad más armoniosa.

En resumen, para afrontar las críticas y la hostilidad es necesario comprender sus orígenes, mantener la compostura, entablar un diálogo constructivo y buscar el apoyo de la comunidad. Al educar a los demás, responder con acciones positivas y practicar la resiliencia, los nuevos musulmanes pueden afrontar estos desafíos de manera eficaz. Aceptar el entendimiento interreligioso, abordar las críticas internalizadas y defender el respeto contribuyen a una experiencia más positiva e inclusiva.

Capítulo 31: Viajando como mujer musulmana

Viajar como mujer musulmana implica una serie de consideraciones y preparativos especiales para garantizar tanto la comodidad personal como el cumplimiento de los principios islámicos. En este capítulo se analizan consejos y estrategias prácticas para realizar viajes sin perder las prácticas religiosas, la seguridad y el bienestar personal.

Planificación y preparación: una planificación eficaz es fundamental para que la experiencia de viaje transcurra sin problemas. Empiece por investigar el destino para conocer las costumbres locales, el clima y las instalaciones disponibles. Considere cómo estos factores podrían afectar su capacidad para practicar el Islam, como encontrar opciones de comida halal, lugares para rezar y alojamiento adecuado. Preparar un itinerario detallado y asegurarse de que todos los documentos necesarios, como pasaportes y visados, estén en regla es esencial para un viaje sin complicaciones.

Mantener las prácticas religiosas: Para garantizar que pueda mantener sus prácticas religiosas mientras viaja, es necesario prepararse con antelación. Llevar una alfombra de oración compacta y una brújula Qibla o una aplicación móvil puede ayudarle a encontrar la dirección de la oración. Investigar con antelación sobre las mezquitas o los lugares de oración locales también puede ser beneficioso. Para ayunar durante el Ramadán o cumplir con otros deberes religiosos, planifique con antelación para gestionar su agenda y encontrar alojamiento o comidas adecuadas.

Elegir la ropa adecuada: vestirse con modestia es un aspecto importante de viajar como mujer musulmana. Elige ropa que cumpla con las normas islámicas y que, al mismo tiempo, sea práctica y cómoda para tu destino. Las telas ligeras y transpirables son ideales para climas cálidos, mientras que la ropa en capas puede brindar flexibilidad en distintas temperaturas. Además, considera llevar una variedad de prendas modestas que sean adecuadas para diferentes entornos y contextos culturales.

Seguridad y protección: Es fundamental priorizar la seguridad y la protección durante el viaje. Familiarícese con las normas de seguridad locales y las advertencias de viaje para su destino. Mantenga sus pertenencias seguras y esté atento a su entorno, especialmente en áreas desconocidas. También es recomendable tener información de contacto de emergencia y un plan preparado para posibles problemas, como la pérdida de documentos o emergencias médicas.

Cómo moverse por los espacios públicos: cuando viaja, puede encontrarse con distintos niveles de aceptación y comprensión de las prácticas islámicas en los espacios públicos. Para abordar este problema, aborde las interacciones con paciencia y respeto. Si le preguntan sobre su vestimenta o sus prácticas, aproveche la oportunidad para educar y compartir información sobre el Islam. En caso de cualquier incomodidad o dificultad, busque el apoyo de las comunidades u organizaciones musulmanas locales.

Encontrar comida halal: identificar opciones de comida halal puede ser una prioridad al viajar. Investiga sobre restaurantes, establecimientos de comida o mercados que ofrezcan comida halal en tu destino. Muchas ciudades tienen recursos en línea o aplicaciones que enumeran establecimientos halal. Si no hay comida halal disponible, considera llevar contigo algunos bocadillos o opciones de comida halal. Otra alternativa adecuada puede ser buscar opciones vegetarianas o de mariscos.

Salud e higiene: mantener la salud y la higiene es fundamental durante el viaje. Asegúrese de llevar un suministro suficiente de los medicamentos necesarios y conozca las precauciones sanitarias locales o las vacunas requeridas para su destino. Mantenga una buena higiene, especialmente cuando viaje a zonas con condiciones sanitarias diferentes, y considere llevar artículos de higiene personal de tamaño de viaje que cumplan con las normas del aeropuerto.

Opciones de alojamiento: Es importante seleccionar un alojamiento que se ajuste a sus necesidades y preferencias. Busque hoteles o alojamientos que ofrezcan instalaciones para la oración, como salas de oración designadas o un espacio tranquilo. Al hacer la reserva, pregunte sobre sus políticas con respecto a las prácticas religiosas de los huéspedes para garantizar una estadía cómoda. Si se hospeda con amigos o familiares, comunique sus necesidades con anticipación para garantizar la comprensión y el respeto mutuos.

Respetar las costumbres locales: comprender y respetar las costumbres y normas culturales locales es fundamental para tener interacciones positivas. Familiarícese con los códigos de vestimenta locales, la etiqueta social y cualquier ley relevante que pueda afectar su experiencia de viaje. Ser consciente de estas costumbres ayuda a evitar malentendidos y demuestra respeto por la cultura anfitriona.

Cómo manejar la fatiga del viaje: Viajar puede ser agotador física y mentalmente. Para manejar la fatiga del viaje, priorice el descanso y el cuidado personal. Programe descansos durante los viajes largos y dedique tiempo a la relajación al llegar. Mantenerse hidratado, comer comidas equilibradas y dormir lo suficiente son fundamentales para mantener los niveles de energía y el bienestar general.

Cómo afrontar situaciones inesperadas: la flexibilidad y la adaptabilidad son fundamentales a la hora de afrontar situaciones inesperadas durante un viaje. Esté preparado para los cambios de planes, como retrasos en los vuelos o cambios en el alojamiento, y manéjelos con paciencia. Tener un plan de contingencia y mantener la calma ante los desafíos puede ayudar a superar cualquier dificultad que surja.

Conectarse con las comunidades musulmanas locales: interactuar con las comunidades musulmanas locales puede mejorar su experiencia de viaje. Pueden ofrecerle información valiosa, recomendaciones y apoyo para encontrar servicios halal e instalaciones de oración. Conectarse con musulmanes locales a través de mezquitas, centros comunitarios o grupos de redes sociales puede brindarle un sentido de pertenencia y asistencia durante su estadía.

Equilibrar la privacidad y la interacción social: es importante equilibrar la privacidad y la interacción social durante un viaje. Respete las costumbres locales en cuanto a las interacciones de género y el espacio personal, y comunique sus preferencias con claridad. Si viaja con un grupo, asegúrese de que los arreglos tengan en cuenta tanto sus prácticas religiosas como sus necesidades sociales.

Documentar y reflexionar: llevar un diario de viaje o documentar sus experiencias puede ser una forma valiosa de reflexionar sobre su viaje. Registrar sus observaciones, interacciones y reflexiones le ayudará a procesar sus experiencias y retener recuerdos significativos. Además, compartir sus experiencias con otras personas puede brindar información e inspiración a otros viajeros musulmanes.

Regreso a casa y reflexión: Al regresar a casa, tómate un tiempo para reflexionar sobre tu experiencia de viaje. Evalúa lo que salió bien y las áreas que se pueden mejorar. Reflexionar sobre tu viaje te ayudará a planificar viajes futuros e integrar las experiencias adquiridas en tu vida diaria. Compartir tus conocimientos con otras personas también puede contribuir a una comprensión más amplia de lo que significa viajar como mujer musulmana.

En resumen, viajar como mujer musulmana implica una planificación y preparación cuidadosas para garantizar que se mantengan las prácticas religiosas, la seguridad y la comodidad personal. Al comprender y respetar las costumbres locales, encontrar alojamiento y opciones de comida adecuadas y gestionar los desafíos del viaje con flexibilidad, las nuevas viajeras musulmanas pueden tener una experiencia de viaje satisfactoria y respetuosa. Equilibrar la privacidad con la interacción social, relacionarse con las comunidades locales y reflexionar sobre el viaje enriquece aún más la experiencia del viaje y contribuye al crecimiento personal.

Capítulo 32: Continuando con su educación islámica

Continuar con la educación islámica es un viaje que dura toda la vida y que mejora la comprensión, fortalece la fe y guía el crecimiento personal y espiritual. Este capítulo explora diversos métodos y recursos para mejorar el conocimiento del Islam, mantener el compromiso con el aprendizaje y aplicar las enseñanzas islámicas a la vida diaria.

Adoptar una actitud de aprendizaje permanente: la educación islámica no se limita a un período específico, sino que es un proceso continuo que se extiende a lo largo de la vida. Adopte una actitud de aprendizaje permanente, reconociendo que profundizar su comprensión del Islam enriquece su camino espiritual y le ayuda a afrontar las complejidades de la vida. Aborde el aprendizaje con curiosidad y un deseo sincero de crecer en conocimiento y fe.

Utilizar métodos de aprendizaje tradicionales: Los métodos tradicionales de aprendizaje islámico incluyen estudiar con eruditos calificados, asistir a conferencias y participar en círculos de estudio o halaqas. Busque eruditos y maestros de buena reputación que ofrezcan clases o seminarios sobre diversos temas islámicos. Participar en círculos de estudio brinda oportunidades para el debate, la reflexión y una comprensión más profunda de los principios islámicos.

Interactuar con recursos en línea: La era digital ofrece una gran cantidad de recursos en línea para la educación islámica. Explore sitios web, cursos en línea y plataformas educativas de confianza que brinden acceso a conferencias, artículos y cursos interactivos sobre temas islámicos. Utilice plataformas como universidades islámicas en línea, videoconferencias y podcasts para complementar su aprendizaje y mantenerse actualizado sobre temas contemporáneos.

Lectura de literatura islámica: leer libros y artículos académicos es una forma valiosa de ampliar sus conocimientos. Comience con textos básicos sobre teología, jurisprudencia e historia islámicas y explore gradualmente temas más especializados. Procure leer libros de autores y académicos de renombre que se adhieran a fuentes auténticas de conocimiento islámico. Mantener una lista de lectura y reservar tiempo regularmente para la lectura puede ayudarlo a mantener el compromiso con la educación continua.

Participación en clases islámicas locales: muchas mezquitas y centros islámicos ofrecen clases y talleres sobre diversos aspectos del Islam. Participe en estas oportunidades educativas locales para adquirir conocimientos y conectarse con otros musulmanes. Las clases pueden cubrir temas como estudios coránicos, hadices, historia islámica y desarrollo personal. Estas clases brindan un entorno estructurado para el aprendizaje y el debate.

Aprender árabe: comprender el idioma árabe puede mejorar significativamente tu educación islámica, ya que te permite acceder directamente al Corán, los hadices y los textos islámicos clásicos. Considera inscribirte en cursos de árabe o usar aplicaciones de aprendizaje de idiomas para mejorar tu dominio del idioma. Aprender árabe no solo enriquece tu estudio de los textos islámicos, sino que también facilita una conexión más profunda con el idioma del Corán.

Aplicación del conocimiento a la vida diaria: la educación islámica es más eficaz cuando se aplica a la vida diaria. Esfuércese por incorporar las enseñanzas y los principios que aprende en sus acciones, decisiones e interacciones. Reflexione sobre cómo las enseñanzas islámicas guían su comportamiento, sus relaciones y su crecimiento personal. La aplicación del conocimiento ayuda a vivir una vida que esté alineada con los valores islámicos y contribuye al desarrollo personal.

Reflexionar y autoevaluarse: reflexione periódicamente sobre su proceso de aprendizaje y evalúe su progreso. Evalúe qué tan bien está integrando las enseñanzas islámicas en su vida e identifique áreas en las que puede seguir creciendo. La autoevaluación ayuda a reconocer logros, abordar desafíos y establecer nuevos objetivos de aprendizaje.

Las prácticas reflexivas contribuyen a una comprensión más profunda y una aplicación más significativa del conocimiento islámico.

Conectarse con la comunidad islámica: relacionarse con la comunidad islámica brinda oportunidades adicionales de aprendizaje y crecimiento. Asista a eventos, conferencias y debates de la comunidad para obtener información de los demás y compartir sus propias experiencias. Establecer vínculos con otros musulmanes que también estén comprometidos con el aprendizaje puede ofrecer apoyo, motivación y un sentido de pertenencia.

Exploración de perspectivas diversas: el Islam abarca una rica diversidad de perspectivas e interpretaciones. Explore diversos puntos de vista dentro de la erudición islámica para obtener una comprensión integral de los diferentes aspectos de la fe. Interactuar con perspectivas diversas fomenta una visión integral de las enseñanzas islámicas y alienta el pensamiento crítico y el diálogo respetuoso.

Establecer objetivos y prioridades de aprendizaje: Establezca objetivos y prioridades claros para su educación islámica. Identifique áreas específicas de interés o temas que desee explorar más a fondo y cree un plan para alcanzar estos objetivos. Establecer objetivos alcanzables ayuda a mantener el enfoque y la motivación en su camino de aprendizaje. Revise y ajuste periódicamente sus objetivos según sea necesario para mantenerse alineado con sus aspiraciones educativas.

Incorporar la educación islámica a la vida familiar: fomente y apoye la educación islámica en su familia. Comparta conocimientos con los miembros de la familia, participe en sesiones de estudio conjuntas y cree un entorno propicio para el aprendizaje. Incorporar la educación islámica a la vida familiar fortalece los vínculos familiares y fomenta un compromiso compartido con el crecimiento personal y espiritual.

Búsqueda de conocimiento en fuentes confiables: asegúrese de que las fuentes de conocimiento con las que trabaja sean confiables y estén alineadas con las enseñanzas islámicas auténticas. Verifique las credenciales y calificaciones de los académicos y las plataformas educativas para evitar la desinformación y las malas interpretaciones. Confiar en fuentes confiables garantiza que su aprendizaje se base en principios islámicos sólidos.

Mantener un enfoque equilibrado: equilibre su búsqueda de una educación islámica con otros aspectos de la vida, como el trabajo, la familia y el bienestar personal. Evite sobrecargarse y asegúrese de que sus actividades educativas complementen sus otras responsabilidades en lugar de entrar en conflicto con ellas. Un enfoque equilibrado favorece el aprendizaje sostenible y el bienestar general.

Uso de aplicaciones y tecnología islámicas: la tecnología moderna ofrece una variedad de aplicaciones y herramientas para la educación islámica. Explore aplicaciones que brinden acceso a textos coránicos, colecciones de hadices, horarios de oración y contenido educativo. El uso de la tecnología puede mejorar su experiencia de aprendizaje y brindar un acceso conveniente a los recursos islámicos.

En resumen, continuar con la educación islámica implica adoptar un aprendizaje permanente, utilizar recursos tradicionales y modernos y aplicar los conocimientos a la vida diaria. El uso de diversos métodos de aprendizaje, la reflexión sobre el progreso y la búsqueda de fuentes fiables contribuyen a una comprensión más profunda del Islam. El equilibrio entre la educación y otras responsabilidades de la vida y la incorporación del aprendizaje a la vida familiar enriquecen aún más el camino y fortalecen la fe.

Capítulo 33: Enseñar el Islam a sus hijos

Enseñar el Islam a los niños es un aspecto fundamental para fomentar su desarrollo espiritual y moral. Implica transmitirles valores, conocimientos y prácticas islámicos de una manera atractiva, significativa y apropiada para su edad. Este capítulo explora estrategias eficaces para enseñar el Islam a los niños, fomentar su amor por la fe y guiarlos para que se conviertan en musulmanes responsables y conocedores.

Inculcar valores islámicos desde una edad temprana: comience a enseñar valores islámicos desde una edad temprana, integrándolos en la vida diaria. Los niños aprenden observando el comportamiento de sus padres, por lo que debe ser un modelo de valores como la amabilidad, la honestidad, la paciencia y el respeto. Incorpore las enseñanzas islámicas en las interacciones cotidianas, haciendo hincapié en la importancia del buen carácter y la conducta ética.

Creación de un entorno positivo: Fomente un entorno positivo y afectuoso para enseñar el Islam. Haga que el aprendizaje sobre el Islam sea una experiencia alegre utilizando métodos atractivos e interactivos. Fomente la curiosidad y las preguntas sobre la fe, y proporcione respuestas reflexivas y apropiadas para la edad. Crear un ambiente propicio ayuda a los niños a desarrollar una conexión fuerte y positiva con el Islam.

Introducción de creencias y prácticas básicas: comience con los principios básicos de las creencias y prácticas islámicas, incluida la unicidad de Alá, los profetas y la importancia del Corán. Presente los cinco pilares del Islam (Shahada, Salah, Zakat, Sawm y Hajj) de una manera que sea comprensible y fácil de entender. Utilice un lenguaje sencillo y ejemplos para explicar estos conceptos y su importancia.

Incorporar historias del Corán y los hadices: utilice historias del Corán y los hadices para enseñar principios y valores islámicos. Las narraciones sobre los profetas, sus vidas y sus desafíos pueden ser especialmente impactantes. Elija historias que resalten lecciones morales y apliquelas a situaciones cotidianas, ayudando a los niños a comprender la relevancia de estas enseñanzas en sus propias vidas.

Fomentar la oración y la adoración regulares: inculque en sus hijos el hábito de la oración y la adoración regulares involucrándolos en las prácticas diarias. Comience con oraciones simples y cortas y, gradualmente, vaya introduciendo oraciones más complejas a medida que crezcan. Cree una rutina familiar que incluya momentos de oración y recitación del Corán, y anime a los niños a participar activamente.

Enseñar a recitar y comprender el Corán: la educación coránica es un aspecto central de la educación islámica. Enséñeles a sus hijos la recitación coránica desde una edad temprana, utilizando métodos apropiados para su edad, como aprender a través de canciones o aplicaciones interactivas. Concéntrese tanto en la memorización como en la comprensión de los versículos coránicos, haciendo hincapié en sus significados y su aplicación en la vida diaria.

Fomentar los buenos modales y la etiqueta: enseñar los buenos modales y la etiqueta islámica es esencial para moldear el comportamiento y las interacciones de los niños. Enfatice la importancia de decir "Bismillah" antes de comer, mostrar gratitud y tratar a los demás con respeto. Utilice las situaciones cotidianas como oportunidades para reforzar la etiqueta islámica y fomentar el buen comportamiento.

Involucre a los niños en actividades comunitarias: Involucre a sus hijos en actividades y eventos comunitarios para ayudarlos a conectarse con su identidad musulmana. La participación en eventos de la mezquita, festivales islámicos y actividades benéficas brinda experiencias prácticas de los valores islámicos y fomenta un sentido de pertenencia a la comunidad musulmana en general.

Fomentar el pensamiento crítico y el cuestionamiento: anime a sus hijos a hacer preguntas y a explorar su comprensión del Islam. Ofrézcales respuestas reflexivas y adecuadas a su edad y ayúdelos a buscar conocimiento en fuentes confiables. Promover el pensamiento crítico ayuda a los niños a desarrollar una conexión más profunda y personal con su fe.

Equilibrar la educación religiosa y laica: Asegúrese de que exista un equilibrio entre la educación religiosa y laica. Apoye a sus hijos en sus estudios y, al mismo tiempo, refuerce las enseñanzas islámicas. Ayúdelos a comprender cómo los valores y principios islámicos pueden guiar su comportamiento y su toma de decisiones en diversos aspectos de la vida, incluidos sus estudios y sus interacciones con los demás.

Modelar el comportamiento islámico: los niños aprenden con el ejemplo, así que modele el comportamiento islámico en su propia vida. Demuestre cómo manejar los desafíos, los conflictos y las situaciones cotidianas de acuerdo con las enseñanzas islámicas. Sus acciones y reacciones brindan lecciones poderosas sobre cómo vivir como un musulmán practicante.

Crear una rutina espiritual: Establezca una rutina espiritual que incluya prácticas habituales, como leer el Corán, asistir a clases islámicas y participar en actos de adoración. Anime a los niños a participar en estas actividades como parte de su rutina diaria o semanal. Una rutina espiritual constante ayuda a reforzar las enseñanzas islámicas y a construir una base sólida de fe.

Apoyo al crecimiento y desarrollo personal: Apoye el crecimiento y desarrollo personal de sus hijos reconociendo sus fortalezas e intereses únicos. Anímelos a realizar actividades y pasatiempos que estén en línea con los valores islámicos y contribuyan positivamente a su desarrollo. Brindar oportunidades de crecimiento ayuda a los niños a sentirse valorados y apoyados en su camino de fe.

Abordar los desafíos y las dudas: aborde los desafíos o las dudas que puedan tener sus hijos con empatía y comprensión. Cree un entorno abierto y seguro en el que se sientan cómodos para hablar de sus inquietudes y buscar orientación. Ofrézcales apoyo y tranquilidad, y busque ayuda de fuentes expertas si es necesario.

Celebración de los hitos islámicos: Celebre los hitos y logros islámicos importantes en la vida de sus hijos, como memorizar versículos coránicos o realizar su primera oración. Reconozca sus esfuerzos y logros con elogios y recompensas, reforzando los aspectos positivos de su desarrollo espiritual.

Fomentar el amor por el Islam: fomentar un amor y un entusiasmo genuinos por el Islam haciendo que el aprendizaje sea divertido y significativo. Compartir la belleza y la sabiduría de las enseñanzas islámicas a través de historias, actividades y debates. Fomentar una actitud positiva hacia la fe y ayudar a los niños a ver su relevancia e importancia en sus vidas.

Mantener una comunicación abierta: Mantenga una comunicación abierta con sus hijos sobre su fe y sus experiencias. Hable con ellos periódicamente para hablar sobre sus pensamientos, sentimientos y cualquier pregunta que puedan tener. La comunicación abierta ayuda a generar confianza y garantiza que los niños se sientan apoyados y comprendidos en su camino espiritual.

Involucre a la familia extendida: Involucre a los miembros de la familia extendida en la educación islámica de sus hijos. Los abuelos, tíos y tías pueden desempeñar un papel de apoyo al reforzar las enseñanzas islámicas y brindar orientación adicional. Crear una red de familiares que brinden apoyo contribuye a crear un entorno integral y de apoyo para el crecimiento espiritual de sus hijos.

Fomentar la participación comunitaria: anime a sus hijos a contribuir a su comunidad mediante actos de servicio y caridad. Involucrarlos en proyectos comunitarios y oportunidades de voluntariado los ayuda a comprender la importancia de contribuir al bienestar de los demás.

Revisión y reflexión: revise y reflexione periódicamente sobre su enfoque para enseñar el Islam a sus hijos. Evalúe lo que funciona bien e identifique áreas que se pueden mejorar. Ajuste sus estrategias según sea necesario para garantizar que la educación islámica de sus hijos siga siendo eficaz y atractiva.

En resumen, enseñar el Islam a sus hijos implica crear un entorno positivo y de apoyo, integrar los valores islámicos en la vida diaria y utilizar una variedad de métodos educativos. Al modelar el comportamiento, alentar la participación en actividades comunitarias y abordar los desafíos con empatía, puede guiar a sus hijos en el desarrollo de una conexión sólida y significativa con su fe. Equilibrar la educación religiosa y secular, apoyar el crecimiento personal y fomentar la comunicación abierta mejora aún más su desarrollo espiritual y moral.

Capítulo 34: Cuestiones de fiqh privado para las nuevas mujeres musulmanas

El estudio de las cuestiones privadas del fiqh del Islam puede ser una parte importante del camino de una nueva mujer musulmana. El fiqh, o jurisprudencia islámica, aborda diversos aspectos de la vida diaria, incluida la conducta personal, los asuntos familiares y las responsabilidades individuales. Para las nuevas musulmanas, comprender y aplicar estos principios correctamente puede ayudarlas a integrar su nueva fe en sus vidas con confianza y claridad.

Comprensión de la jurisprudencia islámica: el fiqh es el estudio y la aplicación de la ley islámica derivada del Corán y los hadices. Proporciona pautas sobre cómo vivir de acuerdo con los principios islámicos en varios aspectos de la vida. Para las nuevas musulmanas, adquirir una comprensión básica del fiqh es esencial para garantizar que puedan practicar su fe correctamente y abordar cualquier problema que pueda surgir.

Higiene personal y pureza ritual: Uno de los aspectos fundamentales del fiqh para las mujeres es la higiene personal y la pureza ritual. La ley islámica prescribe prácticas específicas para mantener la limpieza, incluidas las oraciones regulares y el estado de pureza ritual requerido para estas oraciones. Esto incluye comprender las reglas del wudu (ablución), el ghusl (purificación de todo el cuerpo) y la menstruación. Saber cómo realizar estos actos correctamente y comprender su significado es crucial para mantener la limpieza física y espiritual.

Menstruación y sangrado posparto: La menstruación y el sangrado posparto (nifas) son aspectos importantes del fiqh que afectan las prácticas religiosas diarias de la mujer. Durante la menstruación y el sangrado posparto, las mujeres están exentas de realizar ciertos actos de adoración, como la oración y el ayuno. Sin embargo, se las alienta a participar en otras formas de adoración y buenas acciones. Comprender estas normas y cómo gestionar el culto durante estos períodos es importante para mantener la observancia religiosa.

Modestia y código de vestimenta: Los principios islámicos de modestia influyen en el código de vestimenta de las mujeres musulmanas. El requisito de modestia se interpreta a menudo a través del uso del hijab u otras formas de vestimenta modesta. Comprender las diferentes opiniones y prácticas dentro de la jurisprudencia islámica con respecto a la modestia puede ayudar a las nuevas mujeres musulmanas a tomar decisiones informadas sobre su vestimenta. El objetivo es equilibrar la comodidad personal con la adhesión a las pautas islámicas sobre modestia.

Matrimonio y vida familiar: El fiqh también aborda diversos aspectos del matrimonio y la vida familiar. Para las nuevas musulmanas, es esencial comprender los principios islámicos del matrimonio, incluidos los derechos y responsabilidades de los cónyuges. Esto incluye conocer los requisitos para un contrato matrimonial válido (nikah), los derechos de las mujeres en el matrimonio y las pautas para mantener una relación matrimonial saludable y respetuosa.

Divorcio y separación: En los casos en que el matrimonio no funciona, es importante comprender los principios islámicos del divorcio y la separación. El fiqh proporciona pautas sobre los procedimientos para el divorcio (talaq), incluido el período de espera (`iddah), los derechos y responsabilidades financieras de ambas partes y el proceso de reconciliación. Conocer estos principios puede ayudar a las nuevas musulmanas a navegar por las complejidades del divorcio con un sentido de claridad y justicia.

Leyes de herencia: Las leyes islámicas sobre herencia son parte integral del fiqh y desempeñan un papel crucial a la hora de determinar la distribución del patrimonio de una persona fallecida. Comprender las normas de herencia, incluidas las partes asignadas a los diferentes parientes, puede ser importante para las nuevas musulmanas a la hora de administrar su propio patrimonio o comprender sus derechos en caso de fallecimiento de un miembro de la familia.

Gestión financiera personal: la jurisprudencia islámica ofrece orientación sobre la gestión financiera, incluidos los principios relacionados con la obtención, el gasto y el ahorro de dinero. Comprender los conceptos de halal (permisible) y haram (prohibido) en las transacciones financieras, como los intereses (riba) y las inversiones no éticas, puede ayudar a las nuevas musulmanas a gestionar sus finanzas de una manera que se ajuste a los principios islámicos.

Salud y cuestiones médicas: El fiqh también aborda cuestiones relacionadas con la salud y las cuestiones médicas. Esto incluye la comprensión de la permisibilidad de los tratamientos médicos, incluidos aquellos que pueden implicar la alteración del cuerpo o la realización de cambios significativos en el estilo de vida. Para las mujeres musulmanas recientes, saber cómo tomar decisiones informadas sobre su salud y adherirse a los principios islámicos es importante para mantener el bienestar físico y espiritual.

Participación en la comunidad e interacción social: Para relacionarse con la comunidad en general y respetar los principios islámicos es necesario comprender los límites de la interacción entre hombres y mujeres, participar en actividades comunitarias y contribuir al bienestar social. Las mujeres musulmanas recién llegadas deben buscar orientación sobre cómo equilibrar su participación en actividades sociales y comunitarias y mantener las pautas islámicas sobre modestia e interacción.

Aspiraciones educativas y profesionales: Es importante tener en cuenta la consecución de objetivos educativos y profesionales respetando los principios islámicos. Comprender cómo equilibrar las ambiciones profesionales con las obligaciones religiosas, como los momentos de oración y la modestia, puede ayudar a las nuevas musulmanas a perseguir sus aspiraciones profesionales sin perder el compromiso con su fe.

Crecimiento espiritual y desarrollo personal: El fiqh no sólo trata de seguir reglas, sino también de crecimiento personal y desarrollo espiritual. Las nuevas musulmanas deben tratar de profundizar su comprensión de las enseñanzas islámicas mediante la educación continua y la reflexión personal. Esto implica explorar los significados más profundos de las leyes y principios islámicos y aplicarlos para mejorar el carácter y la espiritualidad.

Abordar dudas e inquietudes personales: es natural que las mujeres musulmanas tengan dudas o inquietudes sobre ciertos aspectos del fiqh. Buscar el conocimiento de eruditos calificados, participar en círculos de estudio y entablar debates con personas conocedoras puede ayudar a abordar estas inquietudes. Es importante abordar estos asuntos con una mente abierta y la voluntad de aprender.

Mantener un enfoque equilibrado: Mantener un enfoque equilibrado del fiqh implica integrar los principios islámicos en la vida diaria, teniendo en cuenta las circunstancias personales y las realidades prácticas. Es importante que las nuevas musulmanas busquen orientación que sea a la vez informada y práctica, asegurándose de que sus prácticas estén en consonancia con las enseñanzas islámicas y sean adecuadas para sus situaciones individuales.

Búsqueda de apoyo y orientación: abordar cuestiones de fiqh privado puede ser complejo, y buscar apoyo de fuentes expertas es crucial. Esto puede incluir consultar con eruditos, asistir a clases y relacionarse con una comunidad musulmana que brinde apoyo. Tener acceso a orientación y recursos ayuda a las nuevas musulmanas a tomar decisiones informadas y practicar su fe con confianza.

En resumen, abordar cuestiones de fiqh privado implica comprender y aplicar la jurisprudencia islámica en diversos aspectos de la vida personal. Para las mujeres musulmanas jóvenes, esto incluye el manejo de la higiene personal, la comprensión de las normas menstruales y posnatales, el cumplimiento de las normas de modestia, la gestión de asuntos matrimoniales y familiares y la resolución de problemas financieros y de salud. Al buscar conocimiento, mantener un enfoque equilibrado y buscar apoyo, las mujeres musulmanas jóvenes pueden integrar los principios islámicos en sus vidas de manera eficaz y segura.

Capítulo 35: Cuestiones de fiqh para las nuevas musulmanas relacionadas con la oración y el ayuno

Para las mujeres musulmanas noveles, comprender el fiqh (jurisprudencia islámica) relacionado con la oración y el ayuno es esencial para practicar su fe con precisión y confianza. Estos dos actos de adoración fundamentales, la oración y el ayuno, son fundamentales para la práctica islámica y tienen reglas y pautas específicas que deben seguirse. Este capítulo profundiza en las cuestiones clave del fiqh relacionadas con la oración y el ayuno, y ofrece claridad sobre cómo observar estas prácticas correctamente.

Entender los principios básicos de la oración: la oración es uno de los cinco pilares del Islam y se realiza cinco veces al día: Fajr, Dhuhr, Asr, Maghrib e Isha. Cada oración tiene horarios específicos y es fundamental realizarlas dentro de los períodos prescritos. Para las nuevas musulmanas, comprender los horarios de cada oración y la forma correcta de realizarlas es fundamental.

Requisitos previos para la oración: Antes de realizar la oración, se deben cumplir ciertos requisitos previos:

1. **Pureza ritual:** La oración requiere pureza ritual, que se logra mediante el wudu (ablución). En casos de impureza mayor, como después de la menstruación o el parto, es necesario el ghusl (purificación corporal total). Las nuevas musulmanas deben aprender a realizar el wudu y el ghusl correctamente y comprender las reglas que los rigen.

2. **Ropa limpia y lugar de oración:** La ropa que se usa durante la oración debe estar limpia y cubrir el 'awrah (las partes del cuerpo que deben estar cubiertas). El lugar de oración también debe estar limpio y libre de impurezas. Asegurarse de

que se cumplan estas condiciones ayuda a mantener la validez de la oración.

Orientación hacia la Qibla: durante la oración, los musulmanes deben orientarse hacia la Qibla, la dirección de la Kaaba en La Meca. Las nuevas musulmanas deben aprender a determinar la Qibla, lo que se puede hacer utilizando una brújula, herramientas en línea o aplicaciones que proporcionen la dirección en función de su ubicación. Orientarse hacia la Qibla es un requisito fundamental para la validez de la oración.

El papel de la menstruación y el sangrado posparto: Para las mujeres que experimentan la menstruación o el sangrado posparto, existen normas específicas relacionadas con la oración. Durante estos períodos, las mujeres están exentas de realizar las oraciones diarias. Sin embargo, deben continuar participando en otras formas de adoración, como hacer dua (súplica) y realizar buenas obras. Una vez que termina la menstruación o el sangrado posparto, las mujeres deben realizar el ghusl antes de reanudar la oración.

Combinación de oraciones: En determinadas circunstancias, está permitido combinar oraciones. Esto es particularmente relevante para las mujeres que pueden tener dificultades para realizar las oraciones en los horarios designados debido a diversas razones, como el trabajo o los viajes. La combinación de oraciones se puede realizar entre Dhuhr y Asr o entre Maghrib e Isha. Comprender cuándo y cómo combinar oraciones puede ofrecer flexibilidad y, al mismo tiempo, mantener la adherencia a las prácticas islámicas.

Ayuno (Sawm) durante el Ramadán: El ayuno durante el mes de Ramadán es un acto de adoración significativo y uno de los cinco pilares del Islam. Implica abstenerse de comida, bebida y relaciones maritales desde el amanecer hasta el atardecer. Para las nuevas musulmanas, comprender las reglas y pautas del ayuno es esencial para garantizar su validez y eficacia.

Exenciones del ayuno: existen exenciones específicas del ayuno para determinadas personas, entre ellas:

1. **Menstruación y sangrado posparto:** Las mujeres que están menstruando o experimentando sangrado posparto están exentas de ayunar. Deben recuperar los ayunos perdidos más adelante, cuando puedan hacerlo.

2. **Embarazo y lactancia:** Las mujeres embarazadas o en período de lactancia que estén preocupadas por su salud o la de su bebé también pueden estar exentas del ayuno. Deben consultar con una persona con conocimientos o un proveedor de atención médica para determinar la mejor manera de proceder y recuperar los ayunos perdidos más adelante o pagar una fidyah (compensación) si es necesario.

Intención adecuada y Suhur: Para que el ayuno sea válido, debe realizarse con la intención correcta (niyyah). La intención de ayunar debe hacerse antes del Fajr (amanecer) cada día de Ramadán. El Suhur, la comida anterior al amanecer, es muy recomendable y proporciona nutrición y fuerza para el día de ayuno. Es una Sunnah (práctica recomendable) realizar el Suhur, incluso si se trata de una pequeña cantidad de comida.

Ruptura del ayuno (Iftar): El ayuno se rompe al atardecer con el Iftar, la comida que tradicionalmente se inicia comiendo dátiles y bebiendo agua. Es importante romper el ayuno inmediatamente al atardecer y luego realizar la oración del Maghrib antes de continuar con la comida del Iftar. La práctica del Iftar enfatiza la gratitud y la camaradería.

Manejo de problemas de salud: Para las mujeres musulmanas que recién se han incorporado al Islam, es importante manejar los problemas de salud durante el ayuno. Si el ayuno supone un riesgo importante para la salud, como una enfermedad crónica o una deshidratación grave, las mujeres deben buscar asesoramiento médico.

En tales casos, pueden ser adecuadas alternativas como ofrecer fidyah o recuperar los ayunos perdidos más adelante.

Expiación por ayunos perdidos: si una mujer no ayuna por razones válidas, como enfermedad o embarazo, generalmente se le exige que recupere los ayunos perdidos más adelante. En los casos en que no es posible ayunar, como por ejemplo por enfermedad crónica, se puede exigir una fidyah (alimentar a los pobres) como compensación.

Recuperación de los ayunos perdidos: después del Ramadán, los ayunos perdidos por razones válidas deben recuperarse antes del próximo Ramadán. Las nuevas musulmanas deben planificar completar estos ayunos perdidos lo antes posible para cumplir con esta obligación. Si los ayunos perdidos no se recuperan antes del próximo Ramadán, deben ser compensados con una fidyah.

Mantener la concentración espiritual: durante el Ramadán y durante todo el año, es fundamental mantener la concentración espiritual. El ayuno no solo consiste en abstenerse de necesidades físicas, sino también en crecer espiritualmente, autodisciplinarse y aumentar la devoción. Realizar más ritos de adoración, recitar el Corán y hacer dua son formas de aumentar los beneficios espirituales del ayuno.

Cómo manejar circunstancias especiales: Situaciones como viajes o enfermedades pueden afectar la capacidad de una persona para ayunar o rezar como de costumbre. El Islam ofrece flexibilidad en estos casos, permitiendo ajustes como combinar oraciones o romper el ayuno. Entender cómo manejar estas circunstancias especiales de acuerdo con las enseñanzas islámicas ayuda a mantener la fe y la práctica incluso en situaciones difíciles.

Cómo equilibrar la oración y el ayuno con la vida diaria: integrar las prácticas de la oración y el ayuno en la vida diaria requiere una planificación cuidadosa y un equilibrio. Las mujeres musulmanas primerizas deben organizar sus horarios para acomodar los momentos de oración y los requisitos de ayuno mientras cumplen con otras responsabilidades, como el trabajo, la familia y los compromisos personales. La planificación y la organización pueden ayudar a garantizar que se cumplan los deberes religiosos sin causar un estrés excesivo.

Búsqueda de conocimiento y apoyo: es importante aprender continuamente sobre el fiqh relacionado con la oración y el ayuno. Las mujeres musulmanas que recién se han incorporado al Islam deben buscar el conocimiento de eruditos calificados, asistir a clases islámicas y relacionarse con comunidades musulmanas que las apoyen. Acceder a información confiable y buscar orientación puede ayudar a abordar cualquier inquietud o pregunta que surja.

En resumen, comprender las cuestiones de fiqh relacionadas con la oración y el ayuno es esencial para que las nuevas musulmanas practiquen su fe con precisión y confianza. Esto incluye conocer los requisitos previos para la oración, controlar la menstruación y el sangrado posparto, comprender las reglas del ayuno y abordar cualquier problema de salud o exención. Al buscar el conocimiento, equilibrar las prácticas religiosas con la vida diaria y mantener el enfoque espiritual, las nuevas musulmanas pueden cumplir con sus obligaciones religiosas y, al mismo tiempo, alimentar su crecimiento espiritual.

Conclusión

Aceptar el Islam como nueva mujer musulmana es un viaje profundo y transformador que afecta a todos los aspectos de la vida. Este libro ha explorado 35 temas esenciales diseñados para guiar y apoyar a las nuevas mujeres musulmanas en su nueva fe, abordando tanto los aspectos espirituales como los prácticos de sus vidas. Desde la comprensión de los principios básicos del Islam, como la creencia en Alá y la adhesión al Corán y la Sunnah, hasta el manejo de los matices de la vida cotidiana, incluidas las relaciones con familiares y amigos no musulmanes, el matrimonio, la crianza de los hijos y el desarrollo personal, esta guía tiene como objetivo proporcionar un recurso integral.

Uno de los temas más importantes de este libro ha sido la importancia de construir una relación personal con Alá. Esta conexión es la base de la fe islámica y ofrece guía, fortaleza y paz a medida que uno navega por las complejidades de la vida. Ya sea a través de la oración, el ayuno o la búsqueda de conocimiento, el camino hacia la profundización de la propia fe es un esfuerzo que dura toda la vida y que requiere paciencia, dedicación y un corazón abierto.

Otro punto clave ha sido la importancia de comprender y aplicar la jurisprudencia islámica (fiqh) en la vida diaria. Para las nuevas musulmanas, aprender a realizar correctamente las oraciones, ayunar durante el Ramadán y cumplir con otras obligaciones religiosas es crucial. Este conocimiento no solo garantiza que las prácticas religiosas se lleven a cabo correctamente, sino que también infunde confianza y un sentido de pertenencia dentro de la comunidad musulmana en general.

La gestión de las relaciones, ya sea con un marido, una familia o amigos no musulmanes, también ha sido un tema importante. La transición al Islam puede traer desafíos en estas áreas, pero con paciencia, comunicación y comprensión, estas relaciones pueden mantenerse e incluso fortalecerse. Los principios de compasión, respeto y bondad que promueve el Islam son universales y pueden servir como puente en las relaciones interreligiosas.

Además, este libro ha abordado la importancia de la comunidad. Establecer vínculos dentro de la comunidad musulmana, encontrar apoyo y contribuir al bienestar colectivo son vitales para el crecimiento personal y el sentido de pertenencia. El Islam no es sólo una fe personal sino también comunitaria, donde el apoyo y las experiencias compartidas desempeñan un papel crucial en el camino espiritual de un individuo.

Los desafíos de equilibrar la identidad cultural, enfrentar las críticas y lidiar con los conceptos erróneos sobre el Islam también son realidades que las nuevas mujeres musulmanas pueden enfrentar. Sin embargo, con conocimiento, confianza y un sólido sistema de apoyo, estos desafíos pueden ser enfrentados con resiliencia y gracia. Comprender que el camino para convertirse en una mujer musulmana completamente integrada y segura es continuo puede ayudar a aliviar la presión de "hacer todo bien" de inmediato.

Al concluir este libro, es esencial reconocer que el camino de cada nueva mujer musulmana es único. Las experiencias, los desafíos y las victorias varían de persona a persona, pero la esencia del Islam (la sumisión a Alá y vivir una vida de acuerdo con Su guía) permanece constante. Si se adopta este camino con sinceridad, se busca el conocimiento y se lucha continuamente por el crecimiento personal y espiritual, se llegará a una vida islámica plena y significativa.

Este libro no es el final, sino un compañero de viaje. Se anima a las nuevas mujeres musulmanas a seguir aprendiendo, buscando recursos y relacionándose con sus comunidades. El Islam es un viaje que dura toda la vida, de crecimiento, comprensión y profundización de la fe. Espero que este libro te sirva como guía útil y fuente de inspiración a medida que continúas tu camino como mujer musulmana, navegando por el hermoso y multifacético mundo del Islam.